LA VÉRITE

SUR

L'ALGÉRIE

SUIVIE

DE DÉTAILS ET DE CONSIDÉRATIONS

SUR LES MŒURS ET LES USAGES DES INDIGÈNES

SUR LA POPULATION FRANÇAISE

LA COLONISATION, L'AGRICULTURE, LE COMMERCE, ET L'INDUSTRIE

DE LA PROVINCE DE CONSTANTINE

PAR

M. A. DE MONTEZON

—

Prix : **1** franc **25** centimes

—

PARIS

CHEZ L'ÉDITEUR, RUE FEYDEAU 7,

ET CHEZ

GARNIER FRÈRES, LIBRAIRES   LIBRAIRIE MILITAIRE DE J. DUMAINE
Palais-National, galerie Montpensier   30, rue et passage Dauphine

A ALGER, DUBOS FRÈRES, MÊME MAISON, RUE CHRISTINE, 5

ET CHEZ LES PRINCIPAUX LIBRAIRES

—

1851

Paris. — Imp. d'Aubusson, rue Feydeau, 7.

Monsieur,

Veuillez permettre à celui qui depuis huit ans à vécu dans votre intimité, qui mieux que personne a été à même d'apprécier tout ce que votre cœur renferme de nobles sentiments, combien est pur et désintéressé le dévouement que vous portez à la cause que vous avez défendue, et qui a vu enfin de très-près, tant d'actes d'abnégation et de générosité, de vous faire un respectueux hommage de l'ouvrage qu'il publie sur l'Algérie.

Sans doute l'importance du sujet et l'honneur de le dédier à un des hommes les plus honorables de notre temps, eussent demandé un écrivain plus habile, mais je l'affirme, il eut été difficile d'en rencontrer un plus sincèrement désireux de la prospérité de la France et de nos possessions d'Afrique, il eut été impossible d'en rencontrer un qui vous fût, Monsieur, plus personnellement dévoué.

C'est selon moi, une action honorable qui de redoubler de

respects et d'hommages envers vous quand vous êtes en butte aux injustices les plus inqualifiables, et ne serais-je conduit vers vous que par cette seule considération, qu'elle serait pour moi toute puissante, bien certain d'être approuvé par tous ceux qui ont pu vous apprécier.

Espérons et rendons grâce à ceux qui sauront garantir l'honneur de la France et lui rendre d'heureuses destinées.

Je suis avec un très-profond respect,
Monsieur,
Votre très-humble et très-obéissant serviteur,

A. de Montézon.

Paris, 10 Janvier 1851.

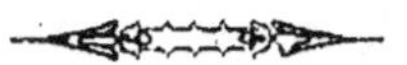

LA VÉRITÉ SUR L'ALGÉRIE

PROVINCE DE CONSTANTINE

L'Algérie ne mérite pas tout le bien et tout le mal qu'on en a dit. Trop vantée par les uns, dépréciée outre mesure par les autres, il a été difficile jusqu'à ce moment de la juger d'une manière exacte et d'éviter de tomber dans un système d'engouement ou de dénigrement exagéré.

Entre l'opinion du soldat qui l'a noblement conquise et qui voit dans sa conservation et dans l'étendue donnée à l'occupation une source de gloire et d'avancement, et celle du froid spéculateur et du contribuable qui, un barême à la main, en est encore à se demander quel avantage la France a retiré des millions qu'elle y a semés, il y a une position mixte à prendre. C'est celle que je choisis en publiant cet écrit.

Je vais donc m'appliquer à éviter dans toutes mes appréciations ces deux écueils, également contraires à la vérité et à la prospérité future de la colonie.

Je m'empresse ensuite de prévenir le lecteur, que je me présente uniquement à lui comme homme consciencieux et de bon sens, personnellement désintéressé dans la question , et nullement comme homme de lettres et comme écrivain prétentieux.

J'honore infiniment l'esprit et le talent, je m'incline respectueusement devant ces dons du ciel et du travail, mais, je le déclare en toute humilité, si ces avantages eussent été indispensables à l'œuvre que j'entreprends, je me serais vu forcé de renoncer à une tâche au-dessus de mes forces.

Convaincu, au contraire, que des détails simples et vrais, basés sur une étude consciencieuse du sol africain, peuvent se passer des ornements du style et de belles phrases académiques, et que je saurai me faire comprendre de tous ceux qui ont intérêt à connaître l'Algérie, j'entre en matière sans autre préambule.

Appelé dans la province de Constantine pour une affaire importante de concession, j'ai dû, pendant un séjour de plusieurs mois, étudier avec soin le pays, ses ressources présentes, ses moyens d'écoulement et enfin ses éventualités d'avenir.

C'est le résultat de cette étude que je publie aujourd'hui, heureux, si le fruit de mes observations épargne à quelques-uns de mes concitoyens les amères déceptions qui attendent tous ceux qu'une position fâcheuse ou précaire, en France, porterait à chercher en Afrique la fortune ou simplement le bien-être. Non pas que je veuille prétendre qu'il faille désespérer de les trouver jamais en Algérie, mais comme il faut pouvoir attendre cette époque encore éloignée, c'est à ceux qui sont pressés de jouir que je m'adresse principalement.

Je considérerai donc surtout le pays que je viens de parcourir sous le point de vue des avantages que la France peut en retirer.

Je dirai ce que j'ai vu sans exagération ni faiblesse, indulgent pour les fautes du passé, sévère pour celles que l'on serait tenté de commettre à l'avenir; mon seul but étant d'apporter à l'œuvre si difficile de la colonisation de l'Algérie la pierre qui doit aider à en construire l'édifice.

Lorsque je me décidai au mois d'août dernier à entreprendre ce voyage, je cherchai vainement dans le cercle de mes connaissances et de mes relations à Paris, quelqu'un qui put me donner des renseignements certains et précis sur la province de Constantine, où m'appelait la mission que j'avais à remplir.

L'un me parlait d'Alger et de son luxe avant la révolution de 1848, un autre des merveilles de la Metidja, un troisième enfin me mettait en garde contre les palmiers nains de la province d'Oran, mais de Constantine, rien, absolument rien ! Cette province conquise depuis treize ans est en réalité moins connue à Paris à l'heure qu'il est, et occupe beaucoup moins les esprits que les mines plus ou moins fantastiques de la Californie.

Je pensais du moins qu'à Marseille, ville qui doit tant à notre colonie d'Afrique, je trouverais des documents certains sur un pays dont cinquante heures de traversée la séparent à peine. Je n'y fus pas plus heureux et je me vis obligé de m'embarquer aussi peu instruit que je l'étais à mon départ de Paris. A Marseille, on s'occupe beaucoup plus de ce que consomme l'Afrique que de ce qu'elle produit, et si ce n'était la question du frêt pour le retour de leurs bâtiments, les armateurs de cette puissante ville maritime ne porteraient qu'un bien médiocre intérêt aux richesses minérales récemment découvertes à la *Mouzaïa* à *la Calle*, près de *Bône*, et à *Aïn Babouch*, dans les *Arectas*.

Il existe, il est vrai, sur nos possessions d'Afrique quelques ouvrages anciens et modernes, publiés par de hardis voyageurs et par des écrivains distingués, et même des documents officiels paraissant sous les auspices du ministère de la guerre ; mais ces ouvrages, par leur étendue, leur rareté et leur haut prix dans le commerce, sont généralement peu connus de cette classe d'hommes que ses affaires ou le désir d'améliorer sa position appelle en Afrique.

Quant aux documents officiels du ministère de la guerre qui ont paru grand format in-4°, sous le titre de TABLEAU de la SITUATION *des établissements français en Algérie*, le dernier document de ce genre que l'on trouve à la bibliothèque nationale, porte les millesimes de 1845 et 1846.

Ce n'est donc pas une lacune que je prétends remplir, mais seulement mettre à la portée de tout le monde un recueil impartial et véridique de renseignements que tout intéressé pourra consulter avec économie de temps et d'argent.

Quiconque désirera des documents plus étendus pourra consulter l'ouvrage publié en 1845 par M. Moll, sur l'Agriculture et la Colonisation en Algérie. Cet ouvrage en deux forts volumes in-8°, remarquable par son style et les consciencieuses études que son auteur a faites du pays, est un véritable cours complet d'agriculture et dépasse de beaucoup les bornes que je me suis proposées.

Je dois sans doute m'attendre à rencontrer des contradicteurs qui ne manqueront pas de contester quelques-uns des faits ou des appréciations contenus dans cet écrit.

Certain d'être resté dans le vrai, de m'être abstenu de toute exagération en bien comme en mal, je crains peu les critiques, surtout si elles partent d'intérêts compromis ou engagés dans une mauvaise voie. Intérêts que je respecte cependant et que je serais désolé de compromettre d'avantage, mais qu'un esprit de conservation mal entendu rend nécessairement ombrageux et faciles à se faire illusion.

Il n'a donc pu entrer un instant dans ma pensée de détourner en quoi que ce soit les colons et les capitaux sérieux de se porter en Algérie. Le but de cet écrit, bien au contraire, est de les y attirer par le grand et fécond principe d'association, le seul, qui suivant moi, puisse y réussir et assurer l'avenir de la colonie.

CONQUÊTE DE L'ALGÉRIE.

Lorsqu'en 1830 la branche aînée des Bourbons eût vengé noblement par la prise d'Alger l'injure faite à son représentant, de nombreux regards et de flatteuses espérances se tournèrent vers cette terre d'Afrique, située à quarante-huit ou cinquante heures des côtes de France, peu connue, il est vrai, mais que l'on savait fertile, puisque sous le nom de Mauritanie elle avait été longtemps le grenier de l'Italie.

Chacun vit dans cette conquête, glorieux legs d'une dynastie emportée par le souffle d'une révolution, une terre vaste à coloniser, une nouvelle patrie pour une foule de Français, qui déjà à cette époque se plaignaient amèrement de la rareté du travail, de l'abaissement des salaires, et de ne plus trouver place sous le soleil de la mère-patrie.

Comment les espérances flatteuses de cette époque et qui devraient être encore celles d'aujourd'hui, se sont-elles réalisées? Je vais essayer de répondre à cette question, mais avant je prie le lecteur de s'attacher plus au fond qu'à la forme du récit, car je l'ai prévenu que j'entreprenais avant tout une œuvre de conscience et de dévouement, et que je ne dissimulerai rien.

Je ne répéterai pas ici les attaques auxquelles le Gouvernement de Juillet a été en butte à propos de son système de tatonnement et d'hésitation à l'égard de l'Algérie. Que la question de colonisation restreinte au littoral ou même d'abandon ait été souvent agitée au sein des grands pouvoirs de l'État? Cela ne fait pas un doute!

Nous nous rappelons tous les phillippiques de quelques-uns de nos hommes politiques contre la colonisation de l'Algérie. Nous nous rappelons ce mauvais vouloir, qui lors de la discussion du budget venait chaque année mettre en question non-seulement l'œuvre de la colonisation, mais même la conservation de cette conquête arrosée du sang de nos soldats.

Des exigences étrangères qui, j'aime à le croire pour l'honneur de mon pays, ont toujours été repoussées, venaient encore se joindre au mauvais vouloir des détracteurs de notre colonie. De là un système incertain et irrésolu, dont la durée pendant plus de dix ans a compromis tous les essais de colonisation et a encouragé la résistance des indigènes.

Heureusement le caractère français qui eût considéré

comme une lâcheté la seule pensée de l'abandon de l'Algérie, se prononça énergiquement pour sa conservation et l'opinion publique se montra si absolue à cet égard, que le pouvoir d'alors se vit contraint de venir proclamer solennellement à la tribune nationale que l'*Algérie serait désormais une province à jamais française.*

Nobles paroles, bien que tardives; car leur effet fut prodigieux dans notre nouvelle colonie, qui enfin commença à entrevoir un lendemain et put sérieusement penser que si la génération présente profiterait peu elle-même des avantages et de la fertilité de cette terre d'Afrique, elle travaillait au moins au profit de ses enfants ainsi qu'à la richesse et à la splendeur de la France.

Ce n'est donc qu'à partir de ce jour que la colonisation fut prise au sérieux et par le gouvernement et par les colons. Ce n'est réellement que de cette époque que datent les efforts sincères pour coloniser nos possessions d'Afrique.

La question de la conservation de l'Algérie résolue à l'honneur de la France restait celle de l'occupation restreinte au littoral, étendue à un certain rayon ou jusqu'aux limites du désert; enfin celle du choix de la colonisation civile ou militaire.

L'occupation complette ayant prévalu, le gouvernement dût s'appliquer à appeler au fur et à mesure de l'extension donnée à notre conquête, une population civile, active et laborieuse, où de coloniser militairement, ainsi que le voulait le maréchal Bugeaud. Il devait encourager par tous les moyens en son pouvoir la mise en culture de cette terre vierge et fertile qui depuis douze cents ans au moins n'avait subi d'autre travail que celui tout primitif des tribus nomades qui l'habitaient. Je parlerai en son lieu de la culture arabe et de ces différents modes de colonisation et je poursuis.

Bien que j'aie prévenu le lecteur que je m'occuperai plus spécialement de la province de Constantine, il es cependant bien entendu que les faits généraux que je signalerai regarderont l'Algérie tout entière; seulemen les détails de mœurs, d'usages et de topographie s'appli queront plus particulièrement à cette province la dernièr conquise, la moins avancée et celle qui a le plus conservé le type arabe et les mœurs, si curieuses pour nous, des peuples nomades et pasteurs décrits dans l'Ancien Testament.

PROVINCE DE CONSTANTINE.

La province de Constantine, située sous le 36e degré de latitude, est bornée au Nord par la Méditerannée, à l'Ouest par la province d'Alger, à l'Est par la régence de Tunis et au Sud, par le désert; elle est montueuse et accidentée sur presque toute son étendue. On y rencontre peu de plaines, mais beaucoup de vallons plus ou moins ressérés entre les montagnes, qui seraient tous d'une fertilité admirable s'ils étaient cultivés. A l'exception du littoral où l'on rencontre beaucoup d'oliviers, et de quelques forêts de chênes verts ou de mélèzes, situées dans l'intérieur, le sol de cette province est complétement déboisé.

Pas le moindre vestige de végétation ne vient y recréer l'œil attristé du voyageur, qui fait 25 à 30 lieues sans trouver un arbre pour lui servir d'abri.

On accuse, il est vrai, notre armée d'avoir lors de la conquête, par mesure de défense ou par besoin de combustible, contribué à ce complet déboisement. Je ne sais jusqu'à quel point le reproche est fondé, mais je suis persuadé que l'ancienne et malheureuse coutume arabe d'incendier les chaumes et les herbes désséchés, coutume aujourd'hui sévèrement interdite, a dû contribuer plus que nos soldats à ce déplorable état de choses.

A l'exception des camps français et de quelques villages construits par nous pour y installer nos colons, aux abords desquels quelques jeunes arbres et quelques jardins viennent prouver la fertilité du sol, l'aspect du pays est toujours le même et présente en été surtout la plus désolante aridité.

PORTS DE LA PROVINCE DE CONSTANTINE.

La province de Constantine comme le reste de l'Algérie, quoique possédant une grande étendue de côtes, partant de l'Ouest à l'Est, de Bougie à Bône, n'offre pas un port sûr et commode où on puisse débarquer avec sécurité à toute époque de l'année. Le mot de Duquesne à Louis XIV, l'interrogeant sur les ports de l'Algérie et qui lui répondait qu'il ne connaissait que trois ports, savoir : juin, juillet et août, est encore plein de vérité ; car ce n'est guère que pendant ces trois mois de l'année que les ports d'Afrique sont abordables pour les bâtiments à voile. Sans la vapeur, inconnue au temps de Duquesne, notre colonie courerait grand risque de voir une grande partie de l'année ses communications interceptées avec la mère patrie.

Phillippeville ou plutôt Stora, situé à prés de deux kilomètres de cette ville et le port de Bône, sont encore aujourd'hui les deux seuls points de la côte ou l'on puisse débarquer les passagers et les marchandises destinées pour cette partie de l'Algérie. Encore il arrive fréquemment qu'en hiver les bateaux à vapeurs de l'État chargés du service sur les côtes d'Afrique, ne peuvent déposer à Philippeville les dépèches venant d'Alger et passent outre sans pouvoir approcher de la côte.

Le port de *Collo* serait, dit-on, plus sûr, si on y exécutait quelques travaux, mais par sa position sur la côte de la Kabylie, encore insoumise, et privé de communication par terre avec l'intérieur, il sera longtemps encore inutile à la prospérité de la colonie.

PHILIPPEVILLE.

Le voyageur qui se rend dans la province de Constantine débarque à Stora, petit port, à deux kilomètres de Philippeville, où il se rend par terre en côtoyant la plage.

La ville de Philippeville, de création française, a été construite en 1838, dans une gorge, entre deux montagnes très-élevées, qui vient aboutir en entonnoir dans le golfe de Stora. Elle est construite sur l'emplacement d'une ancienne ville romaine nommée Rusicada. Une citerne d'une étonnante dimension, creusée et construite dans le flanc d'une montagne attenante à la ville, et quelques restes d'antiquités romaines rappellent encore le souvenir de ce peuple-roi qui a laissé presque sur tout le monde, connu de son temps, des monuments impérissables de sa gloire et de sa puissance.

Philippeville n'offre rien de bien remarquable, son hôpital et ses casernes sont admirablement situés sur la crête d'une montagne à gauche du port lorsqu'on fait face à la ville. Une longue et large rue, non achevée, allant du port à la porte de Constantine, bâtie en arcades comme la rue de Rivoli, permet au promeneur de trouver un abri contre le soleil en été et contre les pluies torrentielles en hiver. Cette rue traverse toute la ville et se trouve coupée de distance en distance par de petites rues très-montueuses, qui se dirigent à droite et à gauche vers les deux montagnes qui resserent la ville. Une petite mosquée assez élégante, une église catholique dont les travaux sont arrêtés faute de fonds, un vaste hôpital et d'assez belles casernes, complettent tous les monuments de cette première ville de la province de Constantine. Elle est le siège d'un commandant supérieur militaire du rang de colonel, d'une sous-préfecture, d'un tribunal de première instance et a l'avantage sur Constantine d'être érigée en commune. Sa population est de six mille âmes, composée de Français, des départements du Midi principalement, de Maltais, Italiens, Sardes, Piémontais et quelques Espagnols, ces derniers en très-petit nombre.

Le commerce de Philippeville consiste principalement dans le transit de toutes les marchandises venues de France pour les besoins de l'intérieur. Les vins, les provisions de tous genres, les bois de construction y arrivent en abondance et donnent une grande activité à son port. Puis l'expédition dans l'intérieur de toutes ces marchandises a créé nécessairement un grand nombre d'entreprises de roulage et de transport par charriots ou à dos de chameaux qui occupent un grand nombre de charretiers européens et de chameliers arabes.

Comme dans toutes les autres villes de l'Algérie le petit commerce le plus productif est celui des débitants de boissons et de comestibles, des limonadiers des aubergistes, des cabaretiers. Triste facilité donnée à la tempérance de nos soldats et de nos colons, et qui devient pour eux si funeste sous le ciel d'Afrique, où la tempérance est un des premiers principes d'hygiène à pratiquer pour éviter les fièvres et les maladies d'entrailles si communes dans ce climat et qui chaque année emportent un si grand nombre de victimes.

Les environs de Philippeville commencent à présenter un aspect assez animé de végétation et de culture. Un grand nombre de jardins situés autour de la ville et cultivés en grande partie par des Maltais, fournissent à ses habitants des légumes et des fruits en grande abondance. Puis sur un rayon de dix à douze kilomètres environ, le pays se trouve parsemé de petites propriétés construites et plantées par des colons. Des cours d'eau habilement dirigés y entretiennent une fraichenr et une verdure que l'on serait heureux de voir se continuer plus loin, quand on se dirige sur l'intérieur.

La pépinière du gouvernement près Philippeville est très-bien pourvue et très-bien entretenue : elle fait honneur au talent et à l'activité de son directeur, dont l'obligeance et l'urbanité ne laissent rien à désirer au voyageur qui va la visiter.

Plusieurs jardins des environs de Philippeville méritent d'être vus. La riche végétation qui les couvre, la beauté des arbres fruitiers et de leurs fruits, prouvent, ce qui au surplus n'est contesté par personne, que le sol d'Afrique ne demande que de l'eau et de la culture pour être un des sols les plus fertiles du monde.

Il y a très-peu d'Arabes à Philippeville, encore la plus part de ceux qu'on y rencontre y sont amenés des tribus voisines ou de l'intérieur, soit pour alimenter les marchés, soit comme conducteurs de transports, seul travail auquel l'Arabe veuille à peu près se soumettre.

COLONS PARISIENS.

La route de Phillippeville à Constantine, construite par notre armée, présente en partant de Philippeville, et pendant 15 à 20 kilomètres, des champs cultivés et de belles prairies bien arrosées. On côtoye assez longtemps en la remontant les rives de la petite rivière de la Saf-Saf. C'est dans cette vallée qu'on tété construits plusieurs jolis petits villages pour les colons parisiens, dits colons Lamoricière, du nom de ce général qui comme ministre de la guerre en 1848 présida au départ de ces nombreux convois de familles parisiennes, dont aujourd'hui on trouve à peine quelques traces dans ces villages construits à grands frais pour eux. Les villages de Saint-Antoine, de Saint-Charles, de Gastonville, d'El-Arouch, à cheval sur la route de Philippeville à Constantine ; Robertville, Jemmapes etc. etc., dans la direction de Philippeville à Bône, ont vu mourir ou se disperser la plus grande partie de ces colons et aujourd'hui, je le répète, on en cherche en vain quelques-uns. Ces convois entièrement composés d'ouvriers et d'artisans de la capitale, appartenant pour la plus part à des professions de luxe et habitués aux aises et aux jouissances de la vie parisienne; logés à leur arrivée sous des tentes sur l'emplacement où se construisaient leur futur abri, ont promptement été en proie à la maladie, au chagrin et aux regrets. Ignorant les premiers éléments d'agriculture, et d'ailleurs incapables de supporter sous le ciel africain les fatigues de la vie agricole, le plus grand nombre se prêtait de fort mauvaise grâce à mettre en culture le lot de terrain qui lui était concédé, et cherchait dans la profession de cabaretier, beaucoup moins fatigante que le travail des champs, une ressource pour lui et sa famille. Il y eut bientôt dans chacune de ces colonies autant de débits de boissons que de ménages, et l'abus devint si grand que l'autorité se vit obligée d'en limiter le nombre. Enfin, puisque j'ai promis de dire toute la vérité, quelque triste qu'elle soit, ne reculons pas devant cette pénible tâche.

La nécessité d'établir ces colonies près des cours d'eau, de préférence aux hauteurs beaucoup plus saines, le besoin d'assurer par des agglomérations de colons français la sûreté de la route de Philippeville à Constantine, ont fait choisir la vallée si riche et si féconde de la Saf-Saf, mais insalubre, surtout dès le jour où les premiers travaux de culture sont venus remuer et défoncer un sol qui depuis plus de douze cents ans n'avait reçu aucune atteinte du hoyau ou de la charrue, et permettre aux miasmes renfermés sous ce sol vierge depuis tant de siècles, de s'exhaler et de corrompre l'air qu'aspiraient nos malheureux colons. Cette première cause, jointe, il faut le dire, à l'intempérance et à l'inconduite du plus grand nombre que le désespoir et la nostalgie aggravaient encore chez beaucoup, ont promptement décimé ou dispersé toutes ces familles de nos faubourgs, qui ne possédaient aucune des qualités ni des conditions indispensables pour coloniser un pays nouvellement conquis.

Depuis, ces premiers habitants ont été remplacés par de nouveaux colons qui, bien que tirés de nos départements du centre et du midi et appartenant pour la plus part à la classe des agriculteurs, n'ont cependant pas été beaucoup plus heureux ni plus épargnés par l'insalubrité du climat.

Hâtons-nous de dire cependant que le gouvernement n'a rien épargné pour rendre la condition des colons sinon heureuse, au moins supportable. De jolies petites maisons bien propres et bien crépies à l'intérieur comme à l'extérieur, une église, un presbytère, une infirmerie, où les malades sont soignés par de bonnes sœurs hospitalières, donnent à tous ces villages un aspect de propreté et d'aisance que ne présentent pas à beaucoup près tous nos villages français.

Ils sont en outre défendus par un mur où un large fossé d'enceinte pour les mettre à l'abri des excursions arabes, et par une petite garnison française qui assure la tranquillité du pays et la sûreté des communications.

Jusqu'au village d'El-Arouch, situé à moitié chemin de Philippeville à Constantine, la route quoique montueuse, suit plus continuellement les vallées. Après El-Arouch, la route devient tout à fait agreste et tortueuse, afin de contourner les hautes montagnes arides et incultes que l'on doit parcourir pour arriver à Constantine. Sauf le camp et l'auberge d'El Contour et le camp de Smendou, au centre duquel ont été construites quelques maisons de colons tenant auberge ou cabaret, on ne trouve plus jusqu'au Hamma de Constantine que des montagnes escarpées, que la route est obligée de contourner par des détours en spirale comme dans nos montages d'Auvergne ou de la Lozère.

LE HAMMA DE CONSTANTINE.

A dix ou douze kilomètres de Constantine on arrive dans une vallée côtoyant la rivière du Roumel. Cette vallée riche et fertile, nommée le Hamma, possédait, même avant l'occupation française, des jardins d'oliviers, de citroniers, d'orangers, de grenadiers, de figuiers, etc., et quelques palmiers d'une belle élévation, mais ne produisant pas de fruits.

La beauté et la richesse de cette végétation ont promptement attiré des colons français qui y ont construit des auberges, des guinguettes et lieux de plaisance propres à attirer les dimanches et jours de fêtes la population de Constantine.

Mais cette vallée est si malsaine que les fièvres intermittentes qui y règnent une grande partie de l'année, causées, dit-on, par des sources d'eau chaude et par les brouillards qu'elles exhalent, rendent ce riche jardin, de plus de deux lieues de longeur, littéralement inhabitable. La plus grande partie des maisons est abandonnée et fermée hermétiquement, et il est triste d'être obligé d'avouer que la mort a moissonné sans pitié la plus grande partie de ses habitants.

Ici, je suis en contradiction avec un document officiel, daté de 1846, lequel affirme que déjà à cette époque le Hamma de Constantine était assaini. Je ne veux pas nier

que le gouvernement n'ait cherché par des tranchées ou
autres travaux à porter remède à ce déplorable état de
choses, mais je dois dire qu'alors ces travaux ont été insuffisants, car la même insalubrité y règne toujours, et à part
quelques Maltais qui y exercent la profession de maraichers, cette vallée à été et sera longtemps encore le tom-
beau des Français qui persisteront à y résider.

CONSTANTINE.

Le Hamma se prolonge en côtoyant le Roumel jusqu'au
pied de la montagne, au haut de laquelle est construite la
ville de Constantine, capitale de la province et de l'ancien
Beylich. La route contournant sans cesse, vous n'appercevez
la ville, perchée cependant sur une montagne à pic, à 659
mètres au-dessus du niveau de la mer, comme un nid d'ai-
gle. que lorsque vous arrivez au pied de cette montagne.
On traverse le Roumel sur un pont de bois, nommé Pont-
d'Aumale, et vous commencez à gravir une route assez
escarpée quoiqu'en spirale, que vous mettez près d'une
heure à parcourir au pas des chevaux.

La vue de Constantine, prise du pont d'Aumale, est
extrêmement pittoresque et paraît d'une force militaire
vraiement imprenable. Construite sur l'extrémité d'un
rocher, séparé d'un autre rocher par un ravin de 60 à
80 pieds de profondeur, au fond duquel coule le Roumel
qui fait à peu près le tour de la ville. Ces deux rochers
taillés à pic et très-rapprochés l'un de l'autre, font de loin
l'effet de deux murailles naturelles et gigantesques. De
ce côté, Constantine sera toujours imprenable.

Sur des indications erronées ou mensongères à dessein,
le maréchal Clausel lors de la première expédition de
Constantine, qui échoua si malheureusement en 1836,
avait attaqué la place, sans tenir compte de la profondeur
de ce ravin et des difficultés insurmontables qu'il présentait à l'ardeur et au courage de nos soldats. Aussi
après des pertes considérables, il se vit obligé de battre
en retraite, de laisser ses blessés sur le plateau de Sïdy-

Mabrouck, où on montre encore l'endroit où ces malheureux furent égorgés jusqu'au dernier et dont les têtes, suivant la coutume des Arabes, furent longtemps exposées en trophées sur les murs de la ville.

L'année suivante l'échec de 1836 fut glorieusement vengé. Le général Danrémont, mieux renseigné, l'attaqua des hauteurs de Coudiat-Aty, qu'un profond ravin, comblé depuis, séparait encore de la ville. Il y laissa la vie ainsi que plusieurs braves officiers et soldats, et le général d'Artillerie Vallée, qui lui succéda dans le commandement, emporta glorieusement la place après plusieurs assauts meurtriers.

D'après le tableau original et curieux qu'offre encore la plus grande partie de la ville de Constantine, il est facile de se faire une idée de ce qu'elle était à l'époque de la conquête.

Perchée sur le pic d'une haute montagne, autour de laquelle serpente le Roumel, le plateau inégal sur lequel elle est construite présente des hauteurs voisines, une grande quantité de petites maisons grises et misérables à l'extérieur, se graduant par échelon suivant l'inclinaison du plateau qu'elle occupe entièrement. Quelques minarets peu élégants dépassent de quelques mètres les nombreuses mosquées auxquelles ils servent d'ornements, et dominent ces toitures en tuiles courbes, dont l'aspect, quoique très-pittoresque, est loin de donner une haute idée de l'architecture arabe.

Ainsi que dans les provinces d'Alger et d'Oran, il n'existe pas de toitures en terrasse. Cette différence est expliquée par la rigueur des hivers dans la province de Constantine, où il n'est pas rare de voir la neige séjourner plusieurs semaines.

Lorsque l'armée française en prit possession au mois d'octobre 1837, toutes les rues de la ville étaient si étroites, que l'on fut obligé de se frayer un chemin en démolisant les rues et les maisons qui conduisent à la Casbad, afin d'y introduire le matériel de l'artillerie et les équipages de l'armée.

Sur l'emplacement de ces démolitions trois ou quatre rues françaises, et des places ont été construites. Mais tout le reste de la ville, à peu près les deux tiers, et ce qui forme aujourd'hui les quartiers juif et arabe, a conservé toute son originalité primitive.

C'est un labyrinthe de petites rues montueuses et tellement étroites, que deux personnes n'y marchent pas toujours facilement de front. Les maisons arabes ont une fort triste apparence au dehors, et n'ont pas de jours extérieurs. Quelques-unes cependant, vues à l'intérieur, ne manquent pas d'élégance et de richesse, et sont parfaitement appropriées aux mœurs de leurs habitants, et aux exigences du climat.

Toutes ces maisons contiennent à l'intérieur une cour carrée, autour de laquelle règne au premier et unique étage une galerie circulaire, sur laquelle donnent les appartements. Au rez-de-chaussée se trouvent les servitudes et les écuries. L'usage de voûter toutes les pièces de leurs maisons y entretient pendant l'été une agréable fraîcheur et conserve en hiver une chaleur tempérée.

Dans plusieurs des maisons ayant appartenu à des familles riches, ces cours et ces galeries sont embellies de peintures mauresques assez originales. Quelques-unes sont dalées en marbre blanc et soutenues par des colonnes en même matière.

Le palais du bey de Constantine, occupé aujourd'hui par le général, commandant supérieur de la province, est vaste et commode; il contient deux cours entourées de galerie et ornées de petits jardins, elles sont arrosées chacune par un bassin et un jet d'eau qui y entretiennent une fraîcheur très-agréable en été.

Les peintures et les vitraux de couleur qui ornent les façades et les murs intérieurs de ces galeries, s'harmonisent parfaitement avec l'ensemble du palais et la disposition de ces deux cours.

L'extérieur du palais, comme celui de toutes les maisons arabes, ne présente qu'une suite de bâtiments informes, et se trouve masqué par de misérables bicoques ou maisons arabes servant de corps de garde et de prison.

L'étranger, au premier abord, s'étonne de trouver chez un peuple aussi ennemi du luxe et de la civilisation de l'Europe, la recherche et les beautés que renferment quelques-unes de leurs demeures. Cet étonnement serait d'autant plus fondé, que l'on sait parfaitement que le pays n'a jamais fourni des ouvriers assez habiles pour avoir pu entreprendre et mener à bonne fin le moindre ouvrage d'art, mais il cesse complètement lorsqu'on apprend qu'il n'existe pas en Algérie un ouvrage quelconque un peu perfectionné qui n'ait été fait par les nombreux prisonniers chrétiens que les puissances barbaresques capturaient presque impunément depuis des siècles, presque en vue des ports d'Espagne, de France et d'Italie. Les rues françaises sont assez droites et assez larges, mais les maisons sont mal bâties, peu solides, mal closes, et ne possédant aucune de ces conditions appropriées au climat, qui se rencontrent en général dans les maisons arabes.

Aussi les autorités et les personnages d'un rang supérieur préfèrent de beaucoup habiter les demeures que l'abandon des anciens possesseurs turcs ou arabes a fait échoir au domaine public.

Ainsi qu'à Philippeville, l'hôpital militaire et les casernes sont construits sur le point le plus élevé et le plus aéré de la ville. Ces bâtiments ont une belle apparence et paraissent fort bien entretenus. Une ancienne mosquée, attenant au palais du bey, a été convertie en église catholique. Cet édifice, d'architecture mauresque, est peu élevé et n'offre rien de remarquable. Rien à l'extérieur ne le désigne à l'attention du touriste.

Constantine est le siége du gouvernement militaire de la province, de la préfecture, d'un tribunal civil rendant la justice criminelle sans l'assistance d'un jury; enfin d'un nombreux état-major et d'une garnison française et indigène, de quatre mille hommes environ, mais elle n'est pas encore érigée en commune au grand déplaisir de ses habitants civils. Quoique partisan des libertés communales, je n'oserais cependant pas affirmer que le moment soit encore venu de leur donner satisfaction sur ce point.

Constantine renferme dans ses murs une population de 30,000 habitants au moins, indépendamment de la garnison et des nombreux fonctionnaires attachés à différents services publics. Cette population se divise ainsi qu'il suit : 22,000 Arabes ou Maures, 6,000 Juifs et Mosabites, 1,800 à 2,000 Européens, sur lesquels on ne peut guère compter que 1,200 Français au plus, le reste est composé de Maltais, Sardes, Italiens et Espagnols.

MŒURS DES ARABES.

Cette partie de mon récit est d'autant plus délicate à traiter, que je vais me trouver en désaccord avec plusieurs militaires éminents, qui ont pensé qu'un système de mansuétude et de temporisation suffirait pour attirer à notre cause et nous attacher indéfiniment la population arabe.

Tandis que, selon moi, il résulte de l'étude des mœurs et du caractère de ce peuple, qu'il méprise notre civilisation et le bien-être qui en découle ; qu'il a besoin de nous craindre pour nous supporter, et que tout système qui tendrait à relâcher les liens de discipline et de juste sévérité, à l'aide desquels on l'a maintenu jusqu'ici, ne pourrait que compromettre l'avenir de notre domination, et dans des circonstances données, mais qu'il est sage de prévoir, exposer à de grands dangers l'existence de nos colons et la sécurité à laquelle ils ont des droits incontestables.

L'Afrique, depuis vingt ans, nous coûte assez de sang et d'argent, pour que nous n'en exposions pas la possession par un système de philantropie dont les naturels du pays ne nous savent aucun gré. Il est temps enfin que par une marche franche et résolue nous ouvrions aux capitaux et aux bras inoccupés de la France les ressources vraiment inépuisables de l'Algérie.

Quand nous aurons fait au profit de nos nationaux ce que notre devoir et nos intérêts bien entendus nous imposent avant tout, il sera temps alors de songer aux indigènes, en admettant que de longtemps ceux-ci consentent à profiter de nos bonnes intentions et veuillent bien s'en montrer reconnaissants.

Si l'on veut étudier de près le vrai caractère du peuple arabe , c'est surtout dans la province de Constantine qu'il faut se transporter. Peu de villes en Algérie ont conservé une aussi nombreuse population indigène. Nulle part il ne serait aussi facile d'y trouver le type vivant de ce peuple, resté stationnaire depuis plus de mille ans, au milieu du bouleversement de toutes les vieilles sociétés, et dont le contact avec nous ne modifiera que bien lentement les mœurs et les usages, fondés sur la tradition et les préceptes du Coran.

La jeune génération, née peu avant ou depuis la conquête et habitant les villes, commence bien un peu à subir l'influence de nos mœurs, mais, je le dis avec regret, elle n'a encore accepté que nos vices et notre intempérance, sans vouloir aucune de nos qualités ni les avantages de notre civilisation.

Il y a très-peu d'exemples qu'un Arabe, parvenu à l'âge d'homme lors de notre arrivée en Algérie, ait apporté à ses mœurs, à ses coutumes la moindre modification qui les rapprochât des nôtres. Ceux mêmes qui se sont ralliés le plus franchement à nous, qui nous sont le plus dévoués, n'ont rien changé à leur manière de vivre, à leur costume, à rien enfin de ce qui les distingue des peuples de l'Europe.

Fanatique sectateur de Mahomet, et sincèrement religieux, l'Arabe respecte nos prêtres, mais rendant la religion catholique responsable des vices et de l'oubli de toute croyance dont nous lui donnons de si fréquents exemples ; il méprise souverainement notre religion, il ne veut pas, dit-il, *du Dieu des Français.* Aussi depuis treize ans que nous occupons la province de Constantine on ne cite pas une seule conversion au catholicisme.

Quoique fanatique et opiniâtre dans sa croyance et dans ses usages, l'Arabe n'a cependant pas de caractère. Fier et fort avec le faible, il est bas et vil avec le fort. La mauvaise foi, la ruse, la tendance au vol sont portées chez lui à un grand degré de développement. Si vous traitez une affaire avec lui, tenez-vous sur vos gardes, malgré les compliments et les flatteries qu'il ne cesse de vous prodiguer dans son langage oriental et imagé.

Tout système de modération et de ménagement est considéré par l'Arabe comme preuve de faiblesse ou absence de tous droits sur lui, tandis que la fermeté et même une grande sévérité quand elle est basée sur la justice, attirent son respect et sa soumission. Fataliste, il se résigne sans murmures à toutes les vicissitudes de la vie, à tout châtiment qu'il a encouru, et s'agit-il même de la peine capitale, il marche courageusement, sans jactance ni ostentation, offrir sa tête au bourreau, en prononçant ces seules paroles : *Dieu l'a voulu.*

Cette préférence de l'Arabe pour tout pouvoir fort et sévère est si vraie, que de tous nos généraux dont il a conservé un bon souvenir, il citera toujours ceux qui ont usé à son égard de l'autorité la plus ferme et la plus inflexible.

Il ne parle encore qu'avec respect et admiration du brave général Négrier qui, pendant un assez long commandement à Constantine, faisait punir avec la dernière rigueur les plus simples délits et a fait tomber plus de têtes arabes que tous les autres généraux qui l'ont précédé ou suivi. Ils ne le désignent encore que sous le nom de *Negro Bono.*

Avare et cupide au dernier point, l'Arabe est très-sobre lorsqu'il vit à ses dépens, dit M. Moll, il cache et enfouit son argent sans en instruire ses enfants, et meurt souvent avec son secret.

On peut conjecturer qu'un jour, lorsque la population française se sera sérieusement emparée du sol algérien et qu'elle y cultivera généralement le pays, on trouvera de petits trésors enfouis par la sordide avarice du possesseur, mort sans avoir eu le temps de le partager entre ses héritiers naturels.

Dès que l'Arabe, pour un service quelconque ou par la vente de ses grains ou de ses denrées, parvient à toucher quelques pièces de notre monnaie française, qu'il connait aujourd'hui et apprécie parfaitement, cet argent disparaît complètement de la circulation. Dieu seul sait la somme de notre numéraire qui, enfouie par les Arabes ou exportée par les Maltais, est à jamais perdue dans l'intérêt et l'avenir de la colonie.

Indolent au-delà de toute expression, l'Arabe ne détruit pas pour le plaisir de détruire, mais aussi il ne conserve rien, et si nous avons trouvé encore existant le beau pont d'El Kantara sur le ravin du Roumel, aux pieds de Constantine, et les quelques arches du bel aqueduc que l'on rencontre au confluent du Roumel et du Bou-Merzoug, rendons-en grâce à la solidité que savaient donner à leurs chefs-d'œuvre ces anciens dominateurs du monde.

Il y a bientôt douze cents ans que les Arabes ont conquis l'Afrique, et cependant ils n'ont rien créé. Le pays est si bien transformé, que sans quelques vestiges de la puissance romaine on pourrait mettre en doute ce que l'histoire nous apprend sur l'ancienne Mauritanie.

Paresseux et inhabile à toute espèce de travail manuel, l'Arabe ne veut pas travailler dans l'acception de ce mot. Poussé par le désir de se procurer de l'argent, qu'il aime avec passion, il s'occupe de tous les charrois et transports qui se font à dos d'âne, de mulet ou de chameau. Il porte l'eau à Constantine, il approvisionne nos marchés de bois de chauffage, de paille, de volaille étique, d'œufs lilliputiens et de quelques mauvais fruits, à peu près sauvages, faute de culture. Le pays étant d'une fertilité admirable, malgré l'imperfection de ses labours et la grossièreté de ses instruments de travail, car l'Arabe ne fait que gratter la terre avec une mauvaise charrue en bois, il récolte néanmoins en blé et en orge, au-delà de ses besoins et de ceux de sa famille. Il en conserve une partie qu'il cache sous terre; dans un trou creusé à cet effet, et que l'on nomme *silos*, puis il vend le reste sur nos marchés, à vil prix, comparativement à ce que pourrait le faire le colon français, mais toujours assez cher pour les efforts de travail et d'intelligence qu'il lui a fallu pour le produire.

Peuple nomade et pasteur, l'Arabe des campagnes de la province de Constantine ne construit pas de maisons, ni de villages. Réuni en tribus sous l'autorité d'un cheik ou caïd, chacune de ces tribus forme un ou plusieurs douairs, suivant les ressources et l'étendue qu'offre la portion de terrain dont elle peut disposer.

On nomme douair ou douar l'assemblage de plusieurs

cahutes, grossièrement construites en terre et en moellons, couvertes en roseaux ou branches de laurier-rose, sur lesquels quelques-uns étendent un morceau plus ou moins grand de toile en poils de chameau. Ces tentes ou cahutes se nomment *gourbis* ; elles sont très-basses, et il faut souvent marcher sur les mains et sur les genoux pour s'y introduire. Chaque gourbi contient une famille entière, homme, femmes et enfants; de plus, certains animaux domestiques, tels que chiens et volailles. Les bestiaux, chevaux et bêtes à laine ne sont jamais abrités. Aussi ils en perdent beaucoup pendant les hivers rigoureux par le manque de nourriture et l'intempérie des saisons. Si leur race bovine était bien soignée, bien nourrie et abritée pendant l'hiver, elle serait susceptible d'une grande amélioration. Quoique de petite taille, leurs bœufs sont bien faits et la viande en est de bonne qualité. Leurs moutons sont également de bon goût, mais souvent très-maigres à certaines époques de l'année.

Les chevaux arabes sont trop connus et trop appréciés pour que je m'étende à leur sujet. Seulement j'ai remarqué que presque tous les chevaux, dans la province de Constantine, sont gris-blancs ou gris-pommelés. On voit quelques chevaux noirs ou bai foncés : je ne me rappelle pas en avoir rencontré d'alezans ou de bais clairs.

Le lait aigre ou quelques figues de barbarie, et une ou deux petites galettes par jour forment à peu près toute la nourriture de l'Arabe des campagnes. Ceux qui habitent les villes ou qui jouissent d'une certaine aisance, y ajoutent le *couscousse*, sorte de gruau ou semoule de froment ou de millet, écrasé entre deux pierres, souvent mal purgé des pellicules du son, et qu'ils font cuire à la vapeur, dans un vase percé de petits trous, placé sur une marmitte d'eau bouillante dans laquelle les plus riches ajoutent un morceau de mouton ou une volaille. Ce grain concassé, puis gonflé par la vapeur du liquide en ébulition, est mangé par le pauvre sans presqu'aucun assaisonnement. Chez le riche, au contraire, l'excès et le disparate des assaisonnements nous le rend désagréable et fastidieux. Le piment, le safran, et jusqu'à l'essence de rose, le tout arrosé de bouillon de mouton et de volaille, font un amalgame auquel s'habituent difficilement nos palais européens.

Le vêtement de l'Arabe consiste en un burnous de gros drap blanc, sous lequel il porte une chemise ou sarrau très-étroit en toile de coton. Le pauvre se dispense souvent même de ce sarrau, et ne porte absolument rien sous le burnous. Tous sont coiffés de la calotte rouge à gland de laine bleue, nommée feys, qu'ils entourent d'un énorme turban en toile de coton blanc : quelques-uns y ajoutent une grosse corde torsée en laine grise ou en poils de chameau. L'Arabe, riche ou pauvre, a toujours les jambes nues; sa chaussure se compose de souliers très-larges, ronds au bout et couvrant à peine les doigts de pieds. Ces souliers sont noirs ou rouges, suivant le goût plus ou moins luxueux de celui qui en fait usage.

La seule distinction qui existe entre le riche et le pauvre est dans la blancheur et la propreté du burnous, que le pauvre ne quitte ni jour ni nuit, et qu'il ne remplace que lorsqu'il tombe en lambeaux. L'Arabe de la classe riche porte quelquefois en-dessous un second burnous en étoffe légère, ressemblant assez à nos mousselines à carreaux dont on se sert en France pour tentures de croisées. Cette étoffe, que l'on dit être en poils de chèvre, est très-belle et coûte fort cher. Elle se fabrique à Tunis ainsi que toutes les autres parties du vêtement arabe. Les tribus de la province de Constantine, n'exerçant aucune industrie, sont tributaires, pour tous ces objets de première nécessité, des Tunisiens et de certaines tribus de la Kabylie, plus avancées qu'elles dans l'industrie.

Dans les grandes circonstances, notamment aux fêtes et fantasias qui suivent le Rhamadan, carême des Arabes, les riches et les puissants du pays, les kalifas, caïds ou cheiks, déploient un luxe de vêtement et d'harnachement vraiment asiatique.

Sous le burnous de drap écarlate, emblème de leur dignité, ils portent des vestes turques en étoffes riches et surchargées de broderies en or et en paillettes. La mousseline de leur turban, d'une finesse et d'un tissu précieux, est aussi ornée de paillettes et de broderies en or, sinon de très-bon goût, au moins fort riches et très-éclatantes. Mais rien n'égale la somptuosité des selles et des brides de leurs chevaux que la beauté même et l'adresse de ces nobles animaux, auxquels ils font faire, avec une dextérité étonnante, des tours de force et de souplesse, devant lesquels pâliraient les élèves les plus habiles de notre célèbre Franconi.

A Constantine, l'Arabe riche ou pauvre passe la plus grande partie de son temps dans ce qu'on est convenu d'appeler des cafés arabes, très-nombreux dans cette ville. Ce sont des espèces des bouges malpropres et infects où les Arabes, en grand nombre, se tiennent silencieux et graves, accroupis sur leurs talons, ou les jambes croisées à la mode des ouvriers tailleurs, et fumant une pipe à long tuyau, garnie, non de tabac, mais d'un chanvre pilé dont ils usent comme d'un narcotique. Pour une menue pièce de monnaie, ils se font servir par le maître du logis une tasse de mauvais café, seule boisson de luxe dont ils accompagnent leur maigre repas de lait aigre ou de figues de Barbarie.

Il existe de vieux Arabes, qui n'ont d'autre domicile que ces cafés, où ils couchent étendus sur les misérables nattes de jonc ou de roseau qui dans la journée leur ont servi de nappe et de tapis.

Les mosquées sont très-nombreuses à Constantine et sont toute la journée fréquemment visitées par les vrais croyants, dont plusieurs portent au cou ou roulent dans leurs mains, en marmotant des passages du Coran, un long chapelet à gros grains. Mais comme le chrétien ne peut pénétrer dans une mosquée que les pieds nus, j'ai pour ma part préféré m'en abstenir que de me soumettre à cette exigence incommode.

BUREAUX ARABES. — CAIDS ET CHEIKS.

Afin d'établir une police et une surveillance active sur le peuple arabe, très-disposé à manquer, même sciemment, aux lois du juste et de l'injuste, et qui dans ses idées de communisme, ne s'en fait pas une bien exacte du droit de propriété, le gouvernement a institué dans chaque localité un bureau arabe, dont le chef, officier français, est assisté du cadi, s'il en existe un sur les lieux, d'un interprète et d'un nombre suffisant de gendarmes ou de spahis, cavaliers arabes disciplinés, pour donner appui à son autorité.

Ce bureau est chargé de tout ce qui concerne la justice civile ou criminelle des Arabes. Il a de son côté, institué à la tête de chaque tribu, un chef nommé kaïd ou cheik, auquel l'autorité française donne comme marque de sa dignité un burnous de couleur écarlate ou ponceau, nommé burnous d'investiture. Ce caïd sert d'intermédiaire entre le bureau arabe et les membres de la tribu, il est chargé de les maintenir dans le devoir, et il peut être déclaré responsable des méfaits et des délits commis sur le territoire ou par quelque membre de sa tribu.

Il a même la mission d'établir un état civil, ce qui jusqu'à présent n'avait pas lieu chez le peuple arabe, qui naissait et mourait sans que qui ce soit s'en préoccupât.

Lorsqu'un délit ou un crime a lieu sur le territoire d'une tribu, le bureau arabe fait aussitôt comparaître devant lui le caïd : si celui-ci ne peut désigner le coupable, une amende proportionnée à la gravité du délit, mais toujours considérable, est infligée à la tribu, rendue alors solidaire du coupable. Il faut que cette amende soit versée au trésor public dans un très-court délai.

Dans ces circonstances le caïd, qui est Arabe avant tout, prélève sur ses administrés une somme toujours supérieure à l'amende infligée et ne se fait aucun scrupule de pressurer ces malheureux, en s'appropriant à titre de peines et soins une somme d'argent à laquelle il n'a légalement aucun droit. On dit, mais je ne l'affirme pas, que l'autorité française connait ces exactions ; mais qu'afin de stimuler le zèle des caïds et leur conserver vis-à-vis des Arabes le prestige d'autorité qui leur est nécessaire, elle tolère ces abus et ces malversations.

Ce serait encore un moyen employé, dit-on, pour dégou-
ter l'Arabe de la justice de ces caïds et lui faire préférer
notre justice française.

Une chose digne de remarque c'est que dans les cas
où il ne s'agit que d'un simple délit, le coupable est rarement livré. La tribu, par un sentiment de fraternité, si
je puis employer ce mot, préfère se soumettre tout entière
à un sacrifice pécuniaire, si dure cependant pour des
Arabes, que de livrer un des siens à la vindicte publique.

L'Arabe est généralement grand, bien découplé, autant
qu'on peut le présumer sous le large vêtement qui le couvre. Il est brun, surtout en vieillissant, cependant il n'est
pas rare d'en rencontrer d'un teint assez blanc. Leurs
traits sont mâles et bien dessinés, ils portent la tête haute,
affectent beaucoup de gravité et ont dans les traits du visage et dans la tournure une certaine distinction. J'ai vu
des Arabes de 25 à 40 ans doués d'un visage d'une beauté
remarquable. Il y a aussi de beaux vieillards dont les
traits distingués et la longue barbe blanche fourniraient
de bien beaux modèles à la peinture.

Jusqu'ici je n'ai parlé que des Arabes du sexe masculin,
il me sera difficile de parler des femmes avec une bien
scrupuleuse exactitude, car à l'exception de quelques-unes
de la classe pauvre, il n'en circule aucune dans les rues.
Encore celles qu'on y rencontre sont toutes voilées par une
bande de linge blanc qui leur couvre le front jusqu'aux
yeux et une autre à partir des yeux jusqu'au menton, ne
laissant qu'une étroite solution de continuité pour voir
à se conduire. Toutes ont la taille et la tête couvertes
d'une grande mante à capuchon, ressemblant pour la forme
à notre costume de carnaval nommé domino. Ce vêtement,
le même pour toutes les femmes arabes, est d'une étoffe
assez commune, à petits carreaux blancs et bleus. Elles
sont tellement enveloppées qu'il est impossible de dire
si elles sont jeunes, jolies et bien faites.

Les femmes arabes de la classe aisée ne sortent jamais
de l'intérieur de la maison de leur mari. Chaque Arabe
peut avoir quatre femmes légitimes et autant d'esclaves
qu'il en peut nourrir. La partie qu'elles occupent est im-
pénétrable à tout homme, quelque puissant qu'il soit. D'a-

près le récit de quelques dames françaises, admises par une faveur toute spéciale dans l'intérieur de quelques maisons arabes de la classe riche, il résulte que ces femmes, dont quelques-unes sont très-jolies et d'une blancheur éclatante, passent leur journée couchées nonchalamment sur des tapis, richement parées et chargées de bijoux précieux, mais de mauvais goût; elles n'ont d'autre occupation ou d'autre distraction que de déviser entre elles en fumant le Narquillé. Ce sont absolument les mœurs et les usages des harems décrits dans les Mille et une Nuits.

Un des bijoux ou ornements des femmes arabes mérite une mention particulière. Ce sont des espèces de bracelets en or ou argent, suivant la condition ou la fortune de celles qui les portent, ressemblant assez à deux forts cadenas que les femmes arabes portent à chaque jambe, à la hauteur de la cheville. Ces étranges bijoux ont une grande signification dans leurs mœurs, ils sont le symbole de la servitude dans laquelle ce peuple barbare tient encore la plus belle partie du genre humain.

Les femmes en petit nombre qui circulent dans les rues de Constantine ne se dispensent pas de s'en parer, seulement elles les portent en argent sur les jambes nues et mal chaussées. Le cliquetis causé par les mouvements de la marche, et par le contact fréquent qu'ils ont entre eux, ressemble assez au bruit que font en marchant nos galériens dans les bagnes, et ne laissent pas de causer une assez pénible impression, que ne partage pas au surplus celle qui en est l'objet.

MARIAGES ET ENTERREMENTS ARABES.

Les mariages arabes tiennent trop aux mœurs de ce peuple, pour que je n'en dise pas quelques mots. L'acte et les conventions qui constituent un mariage se passent et se discutent devant le cadi, magistrat qui chez les

Mahométans remplit toutes les fonctions du juge civil et du juge criminel. La femme qui n'est absolument rien, n'y assiste pas, on dispose d'elle même sans la consulter. Le soir après le coucher du soleil, tous les parents et tous les amis se rassemblent, et portant chacun une torche allumée ils se rendent chez la mariée pour la conduire au domicile de son seigneur et maître. Comme la femme dans ce pays-là ne doit jamais sortir et ne doit être vue de personne, on l'enferme dans un grand panier d'osier, recouvert d'une tenture bariolée de plusieurs couleurs. On huche ce panier sur un mulet, et le cortège se met en marche vers la maison du mari en prenant le plus long chemin, afin que le cortège puisse avoir plus de pompe et prendre un plus long développement. Derrière le mulet se tient un Arabe, ami ou parent, je ne sais, portant à la main et accolé au panier un grand sabre nu, emblème ou plutôt avertissement du châtiment qui attend la femme, si elle a le malheur de manquer à la foi conjugale. Ce cortège nombreux d'Arabes en burnous blancs, portant des torches, ce sabre nu, donnent à cette cérémonie une teinte un peu lugubre et ressemble fort peu à la joie et aux réjouissances qui président à nos noces françaises.

Arrivée à sa destination, la mariée est descendue de dessus le mulet, toujours enfermée dans son panier, qui est alors transporté à bras dans le logement des femmes; là, le mari seul, l'en fait sortir, et après l'avoir enfermée sous clé, il retourne trouver tous les membres du cortège avec lesquels il va passer une partie de la nuit en divertissements.

Les enterrements rassemblent aussi un grand nombre de parents et d'amis. Le défunt, placé dans une bière formant un carré long, recouverte d'un grand drap mortuaire en damas de soie de plusieurs couleurs, parmi lesquelles le rouge, le vert et le jaune dominent, est porté sur les épaules des assistans qui se relayent de distance en distance. Tous les hommes marchent, précédant ou suivant le corps, en chantant à très-haute voix des versets du Coran. L'intonation et le rithme ont beaucoup de rapports avec le chant de nos psaumes catholiques, et si ce n'étaient les paroles arabes qu'ils prononcent, on croirait presque entendre les poétiques accents du roi-prophète.

Dans les tribus de l'intérieur, chacune d'elle choisit son cimetière où bon lui semble. Aussi, dans les campagnes aux environs de Constantine, les propriétaires des terrains concédés y trouvent presque tous des cimetières arabes dans lesquels on enterre journellement malgré eux, coutume qu'ils ont beaucoup de peine à supprimer.

JUIFS.

Les Juifs sont nombreux à Constantine. Ils composent au moins le cinquième de la population. J'ai peu de choses à en dire, car les Juifs sont en Algérie ce qu'ils sont partout, cupides, flatteurs et rusés. Ils nous aiment peu, quoique nous les ayons affranchis du joug des Turcs et du mépris des Arabes. S'ils avaient beaucoup à souffrir sous les anciens dominateurs de l'Algérie, en revanche ils gagnaient beaucoup, et pour le Juif barbaresque, souffrir n'est rien quand il gagne.

Les Juifs faisaient seuls tout le commerce de l'Algérie avant la conquête. Ils approvisionnaient les Arabes de tous les objets de luxe ou de première nécessité que le pays, dépourvu de toute industrie, ne pouvait leur procurer. Mais à combien de cruelles exactions n'étaient-ils pas en butte de la part d'Achmet-Bey et des Turcs riches et puissants qui commandaient sous ses ordres ? On montre encore à Constantine une petite fenêtre grillée du palais donnant sur la rue Caraman, dans la direction du quartier juif, derrière laquelle Achmet-Bey se postait quand il avait besoin d'argent. Dès qu'il apercevait un Juif passer sous cette fenêtre, il l'envoyait chercher sur-le-champ par son gihaour, son exécuteur des hautes-œuvres. Le Juif se présentait pâle et tremblant, et se prosternait plus mort que vif aux pieds de ce farouche vice-roi.

« Un tel, » lui disait Achmet-Bey, car il les connaissait tous par leur nom, « j'ai besoin que tu me prêtes quatre, cinq ou six cents bourses », monnaie turque, seule en usage en Algérie avant notre arrivée. Remarquez que prêter, dans la bouche d'Achmet-Bey, voulait dire donner, car il ne rendait jamais, et qu'il ne s'amusait pas à demander de faibles sommes. Le Juif alors s'épuisait en protestations accompagnées de larmes, jurant par le Dieu d'Isaac et de Jacob que jamais il n'avait possédé une somme aussi considérable. « Il me la faut dans deux heures », lui répondait le bey, et, faisant signe au gihaour de faire son devoir si l'argent n'était pas versé à l'heure dite, il les congédiait tous les deux sans ajouter un mot. Le Juif se rendait alors, accompagné du gihaour, non chez lui, car il n'eût pas voulu qu'on le crût possesseur d'une somme aussi forte, mais chez ses co-religionnaires qui s'empressaient, tant ils se savaient eux-mêmes exposés à de semblables exactions, à la réunir et à la remettre au gihaour pour la rançon de leur malheureux frère.

Si malheureusement le crédit ou la solvabilité du Juif n'inspirait pas assez de confiance à ses co-religionnaires, ou qu'il ne pût, même avec leur secours, parfaire la somme demandée par le bey, il payait alors de sa tête son impuissance et son insolvabilité.

Le quartier juif, construit absolument sur le même plan que le quartier arabe, m'a paru cependant plus propre et moins misérable.

Le commerce d'objets à l'usage des Arabes y paraît très-actif. J'ai remarqué principalement celui des parfums dont les femmes arabes et juives font un grand usage.

POPULATION FRANÇAISE ET EUROPÉENNE.

J'ai dit que Constantine renfermait une population de 1,800 à 2,000 Européens, dont à peine 1,200 Français. Comme je ne veux commettre aucune espèce de personnalité, ce que je dirai de la population française de Constantine, s'applique également à nos compatriotes qui habitent Philippeville et Sétif, et à tous ceux parsemés sur toute l'étendue de la province.

On a allégué beaucoup de griefs contre la population française de l'Algérie. Sans prétendre assurément que parmi ces hommes aventureux qui suivent les armées pour exploiter les pays conquis, il ne se soit pas trouvé quelques membres indignes et peu capables de donner un élan bien pur et bien moral à l'œuvre d'une colonisation naissante, qu'il me soit cependant permis de dire ici hautement que ces griefs et ces reproches ont été exagérés. J'ajouterai même que la défaveur marquée qui pèse en Algérie sur la population civile, fût-elle méritée, serait également coupable et impolitique.

Sans doute lorsqu'il s'agit de s'expatrier à 3 ou 400 lieues de son pays natal, d'aller coloniser un pays barbare et inconnu, que l'on sera longtemps obligé de disputer pied à pied, on trouve rarement, pour une pareille œuvre, des esprits sages, paisibles, rangés, possédant une position faite et à l'abri de toute vicissitude. Cette classe d'hommes, digne d'estime, assurément, ne se sentira jamais l'énergie et le courage qu'il faut pour la vie aventureuse du colon. Qu'elle continue à contribuer par son industrie et par son travail à la prospérité de la France, rien de mieux! Mais qu'on ne déverse pas le mépris et la déconsidération sur toute une classe de Français qui, ne trouvant pas dans la mère-patrie des éléments suffisants de fortune ou de bien-être, sont allés se sacrifier en grand nombre pour contribuer à la conquête pacifique et colonisatrice de cette terre d'Afrique, que nous envient si ardemment certaines puissances de l'Europe.

L'armée elle-même, lors de la prise de possession de certaines contrées dépourvues de toutes ressources, à dû au dévouement et à l'intelligence de quelques-uns de ces courageux Français de voir sa subsistance assuré, et par suite le succès de ses opérations.

Plusieurs de ces exemples de dévouement et d'intelligence existent encore en Algérie; j'en pourrais citer de fort honorables à Constantine même, si je ne craignais de blesser la modestie de leurs auteurs.

La population civile de l'Algérie compte, il est vrai, parmi elle, peu de rentiers et peu de grands propriétaires, mais elle possède dans ses commerçants et ses colons tous les éléments propres à les former, si un bon système de colonisation, un bon gouvernement et la sécurité qui en découle lui viennent en aide.

A Constantine et dans toutes les villes de la province, cette population est divisée en commerçants et marchands de tous les objets nécessaires à la vie, en colons ou concessionnaires de terrains, enfin en artisans et ouvriers de différentes professions.

Tout homme rangé, sobre et économe y peut très-bien gagner sa vie et même y faire des économies, tout en ne se refusant pas une nourriture substantielle, qui est recommandée dans ce pays comme un des premiers principes d'hygiène.

La journée de l'ouvrier y est à un prix fort élevé, et si, pour le plus grand nombre il ne se livrait pas à l'intempérance et à l'inconduite, son sort serait bien préférable à celui de beaucoup de nos ouvriers en France. Ce qui manque en Algérie ce sont des bras, qu'on sache y attirer les capitaux, les hommes forts et laborieux ne se feront pas attendre.

La vie du commerçant, qui compose ce que j'appellerai la bourgeoisie, y est simple, morale et retirée. Il vit en famille sans luxe et sans éclat. Une grande économie, sans être exagérée, est observée dans toutes ces familles dont la pluspart, parties pauvres de France, sont venues en Algérie plutôt pour y gagner de l'argent que pour en dépenser.

Cette classe fait donc fort peu de dépenses et ne vit que de celles de la garnison et des employés qui en Afrique sont en très-grand nombre, sont bien payés et vivent assez confortablement.

L'armée et les fonctionnaires sont en effet les seules sources alimentaires du commerce, et tant que la population civile ne se sera pas accrue, il en sera ainsi. Au cas, fort peu probable du reste, où l'armée et les administrations seraient sensiblement diminuées, la population civile de nos villes de l'Algérie verraient subitement tarir les meilleures sources de leur existence.

Il est donc important d'augmenter autant que possible la population civile de l'Algérie, afin de faire cesser cet état de choses vraiment anormal, et cela ne peut avoir lieu que par un bon système de colonisation.

Les colons concessionnaires sont encore trop peu nombreux pour que j'entre sur leur compte dans de grands détails; d'ailleurs, lorsque je traiterai des concessions, j'aurai plus d'une fois occasion de rendre justice à l'intelligence et à la courageuse énergie dont plusieurs ont donné de si fréquents exemples, malgré les déboirs et les difficultés sans nombre qu'ils ont rencontrés.

MALTAIS.

Après la population française, les Européens les plus nombreux sont les Anglo-Maltais : je les appellerai les Auvergnats ou les Savoyards de l'Algérie. Sobres, laborieux, industrieux et économes, ils se sont emparés du monopole des travaux pénibles et lucratifs : portefaix sur le port de Bône et de Philippeville, jardiniers, maraichers, cabaretiers et limonadiers aux abords ou dans le centre des villes, ils accaparent la plus grande partie de la solde de nos soldats et du salaire de nos ouvriers. De même que les enfants de l'Auvergne et de la Savoie en France, ils thésaurisent sou à sou, et lorsqu'ils ont réuni un pécule suffisant à leur ambition, ils retournent sur le rocher qui les a vu naître.

Pour eux, le climat d'Afrique est sans danger; nés à peu près sous le même degré de latitude, ils supportent parfaitement les chaleurs du climat. Sobres comme l'Arabe, dont beaucoup tirent leur origine, ils évitent les maladies que nos nationaux de même condition doivent souvent à leur habitude d'intempérance. Mais comme chaque médaille a son revers, s'ils tiennent de l'Arabe par

la sobriété, ils ont aussi hérité de sa ruse, de sa fourberie
et de son penchant au vol. Seulement, chez ce peuple
éclairé par les lumières du christianisme, les mauvaises
actions ne sont pas chose permise et naturelle; et je tiens
des honorables ecclésiastiques de Constantine qu'il leur
arrive souvent de recevoir des Maltais des restitutions
d'objets ou de sommes dérobés, scrupules dont les Arabes
ne sont assurément pas capables.

Les autres peuples de l'Europe qui ont fourni un con-
tingent à la colonisation de l'Algérie sont les Espagnols,
très-nombreux dans les provinces d'Oran et d'Alger, mais
en très-petit nombre dans celle de Constantine; enfin les
Sardes, les Piémontais et les Italiens.

Ces diverses nations n'étant en quelque sorte représen-
tées à Constantine que par des individualités, je n'en
parlerai pas.

ARMÉE.

Notre armée d'Afrique est composée de régiments d'infanterie française dont le séjour en Algérie ne dépasse
jamais quatre ou cinq ans, puis de corps spéciaux de cava-
lerie ou d'infanterie, formés de nationaux ou d'étrangers,
enfin de corps indigènes soldés et disciplinés à l'européenne, placés sous les ordres d'officiers et sous-officiers
français, et conservant en grande partie un costume turc
ou arabe.

Comme partout et en tout temps, notre armée en Afrique est un modèle de bravoure, d'abnégation et de dévouement. Aucun danger, aucune fatigue, aucune priva-
tion n'ont altéré, dans les occasions les plus graves, le
caractère enjoué et brave avant tout, du soldat français.

Je ne puis cependant dissimuler une observation pénible que j'ai faite en Algérie, je veux parler du dédain
trop peu dissimulé que l'épaulette affecte de professer
pour ce qu'en Afrique on est convenu d'appeler un
civil. Dédain qui nous reporte à ces temps, déjà éloignés

de nous, où nos soldats ne savaient désigner un homme portant un frac que sous le nom de Pekin.

Je sais que ce dédain n'est manifesté que par un petit nombre d'officiers de grade inférieur, et que les chefs de notre brave armée ne le partagent pas et ne le manifestent jamais. Mais que cette tendance à séparer en deux classes distinctes les enfants de la même patrie, ait pour origine la supériorité qu'a donné et que donnera longtemps encore en Algérie le gouvernement militaire, ou qu'elle soit motivée par une autre cause, même justifiée par quelques-uns de nos premiers colons, elle n'en est pas moins déplorable.

Cette défaveur attachée à tout homme n'appartenant ni à l'armée, ni à l'administration est si prononcée, que les autorités supérieures civiles et militaires sont obligées, crainte de blesser certaines susceptibilités, ou de se voir forcées à faire un choix, blessant pour ceux qui en seraient exclus, ou de s'abstenir d'inviter à leurs fêtes et à leurs réunions, toute personne qui ne peut s'y présenter avec l'épaulette ou avec la tunique à colet brodé.

FONCTIONNAIRES.

Il n'entre pas dans mon sujet, encore moins dans mes intentions de me poser en homme d'opposition. Je n'ai donc que très-peu de choses à dire du grand nombre de fonctionnaires qui existent en Algérie. Tous distingués par un uniforme, ils sont plus faciles à reconnaître qu'en France. Ensuite le besoin d'une armée, constamment sur le pied de guerre, et les rouages infiniment compliqués de toutes nos administrations, sont sans doute la cause de cette pléiade d'employés de toutes les couleurs qu'on rencontre dans toutes les villes d'Afrique.

Au surplus, indépendamment de leurs services administratifs, que je suis loin de contester, ils contribuent grassement pour leur part, à la prospérité du

commerce de détail, qui sans eux et sans l'armée, serait
à peu près nul en Algérie.

Seulement, on peut aussi reprocher à quelques employés inférieurs de l'Algérie le même dédain pour la population civile. Cependant il y a plus de rapprochement,
et lorsque ce dédain se fait voir, il est moins acerbe et
moins cavalièrement exprimé. C'est déjà un progrès dont
il faut savoir gré à nos compatriotes de l'administration.

COLONISATION.

J'aborde enfin la question si grave et si controversée de
la colonisation.

De tous les systèmes qui se heurtent, se croisent et se
contredisent, quel est le plus praticable, le moins oné-
reux et le plus approprié aux intérêts qu'il doit créer et
défendre? C'est à cette question, ainsi posée, que je vais
essayer de répondre. Mais avant d'aller plus loin, je
vais au-devant d'une objection qui sans doute me sera
faite.

On me demandera, surtout après avoir lu quelques
tableaux un peu sombres, mais vrais, que j'ai tracés au
commencement de cet écrit, si je crois bien moi-même à
l'avenir de l'Algérie et à des résultats heureux d'un système quelconque de colonisation?

Je réponds, sans hésiter : non ! si on persiste dans le
système actuel : oui ! si on consent à le modifier.

La discussion récente qui vient d'avoir lieu à l'Assem-
blée Législative sur le projet de la réforme douanière en
Algérie, et le langage tenu dans cette discussion par M. le
général Daumas, organe du gouvernement, prouve que
l'on commence à comprendre une des premières nécessités
de toute colonisation : c'est-à-dire qu'on songe enfin à lui
ouvrir des débouchés. Car, dire à des agriculteurs et à des
industriels de créer et de produire avant de leur avoir
fourni les moyens d'écoulement, c'est absolument dire à

un homme de marcher après lui avoir garotté les jambes, la réforme douanière sera, sans contredit, un des plus précieux avantages qu'ait obtenu l'Algérie, et les résultats en seront immenses, pourvu que l'on ne s'arrête pas en si bon chemin.

Car enfin, ce n'est pas tout, et comme le dit M. Daumas, *Moniteur* du 20 décembre 1850, « il ne présente » pas la réforme douanière comme une panacée univer- « selle. »

Les hésitations du dernier gouvernement, la tendance des esprits de notre époque, à réaliser prématurément, sans peine et sans risques, d'énormes bénéfices, la fatale indifférence, pour ne pas dire l'éloignement qu'ont presque toujours témoigné pour nos possessions d'Afrique les hommes politiques et les capitalistes, enfin, les trois malheureuses années que nous venons de traverser, toutes ces causes réunies ont éloigné systématiquement les capitaux de l'Algérie.

Les largesses toujours bornées du budget ne pouvaient suppléer à cette timidité ou à ce mauvais vouloir des capitaux. D'ailleurs, chacun sait que tout ce que l'Etat entreprend par lui-même revient très-cher et se fait moins bien que par l'industrie privée.

Si les provinces du nord de l'Afrique fussent échues à l'Angleterre, elle n'en serait pas, après vingt ans de possession, à se demander quel genre de colonisation il faut adopter. Et son parlement n'eut pas entendu de sang-froid les tristes motions dont notre tribune nationale a si souvent retenti à propos de ce beau fleuron ajouté au patrimoine de la France.

De nombreuses et puissantes sociétés se seraient immédiatement formées pour y transporter à grands frais tous les bras inoccuppés, et toutes les existences malheureuses dont fourmillent les trois royaumes.

L'Algérie produirait aujourd'hui en abondance la cochenille, la garance, le tabac, le coton même y serait cultivé avec succès, et son antique réputation de fertilité pour les céréales fleurirait d'un nouveau lustre.

Ce que les Anglais auraient fait s'ils eussent été maîtres de l'Afrique depuis vingt ans, pourquoi la France du

XIXe siècle, si riche et si intelligente, ne le tenterait-elle pas ?

Accusons-nous donc les premiers de ne pas posséder ce génie colonisateur, et ne nous en prenons pas à l'Algérie, dont le sol, d'une fertilité admirable, ne demande que du travail et de la culture pour rendre au centuple ce que nous lui aurons confié.

Je ne m'occuperai ici que des différents modes de colonisation ; l'occupation complète est aujourd'hui un fait acquis, et ne doit plus soulever de discussion, n'en déplaise à M. Desjobert.

COLONISATION MILITAIRE.

Un homme illustre, dont la France et l'Algérie garderont un long et honorable souvenir, qui a su faire oublier dans les dernières années de sa vie, par les éminents services qu'il a rendus à son pays, quelques erreurs dont les meilleurs esprits ne sont pas exempts en temps de révolution, M. le maréchal Bugeaud, enfin, s'est beaucoup occupé de la colonisation de l'Algérie.

Agriculteur distingué, il eût bientôt compris quelles immenses ressources on pourrait un jour tirer du pays dont sa vaillante épée a tant contribué à doter la France.

Mais, général et père de ses soldats, il a inventé et préconisé un système de colonisation tout militaire et complètement en dehors des capitaux et des éléments civils.

Dans ce système, le budget de l'Etat était appelé à pourvoir à tous les frais.

En effet, le gouvernement eût engagé tout soldat congédié de l'armée d'Afrique, et par conséquent acclimaté, à revenir en Algérie après avoir été se marier dans son pays natal, et l'eût installé, aux frais de l'Etat, lui et sa jeune compagne, dans des villages construits pour eux et sur quelques hectares de terre qu'on leur eût concédé. Des prestations et des avances de toutes sortes leur eussent été faites, jusqu'à ce que le temps et leur travail leur eussent permis de se suffire à eux-mêmes.

Au premier aspect, la pensée de l'illustre maréchal a pu séduire beaucoup de bons esprits. Les éléments de colonisation étaient au surplus beaucoup mieux choisis que ceux qui composaient les colonies parisiennes de 1848.

Mais outre que c'eût été, même au cas de succès, entraîner le budget de l'Etat dans des dépenses considérables et incessantes, le maréchal, homme d'un esprit si net et si précis, qui connaissait si bien l'amour que chaque soldat français porte au village qui l'a vu naître, a-t-il pu croire que le nombre des soldats congédiés qui consentiraient à revenir en famille sur le sol africain serait assez important pour donner à ses colonies militaires une apparence de réalité?

L'expérience prouve, au contraire, qu'à l'exception de quelques soldats étrangers ou de quelques nationaux sans famille, presque sans patrie, qui consentent à rester en Algérie après leur temps de service révolu, et qui ne sont pas, à beaucoup près, la partie la plus morale de notre armée, tous nos jeunes soldats d'infanterie, satisfaits d'un séjour de quatre ou cinq ans en Afrique, acceptent avec un vif empressement leur congé et s'embarquent pour la France, avec une joie qu'ils expriment bruyamment et souvent par des acclamations et des quolibets peu flatteurs pour le pays qu'ils ont aidé à conquérir.

J'ai été témoin pendant mon séjour à Constantine, du congé donné aux soldats d'infanterie de la classe de 1844, et je puis affirmer que les bateaux à vapeur étaient trop petits et les départs trop peu fréquents au gré de leur empressement à quitter le sol africain.

Revenu sur le bateau le Charlemagne avec à peu près trois cents de ces congédiés, j'en ai questionné plusieurs sur ce qu'aurait pour eux d'attrayant ce système de colonisation militaire, tous m'ont répondu qu'ils préféraient travailler dans leur village que de revenir en Algérie.

On peut et on doit même accepter ceux qui se dévouent à l'œuvre de la colonisation ; l'Etat doit faire pour eux le plus possible. Mais, je le répète, il ne faut pas compter sur ce mode d'accroître la population , qui , pris dans un sens absolu , ne réaliserait que bien faiblement les espérances de l'illustre maréchal.

COLONISATION AVEC LE CONCOURS DES ARABES.

La colonisation par les indigènes formés à nos mœurs, à notre civilisation, à nos méthodes de culture, est , je le sais, appuyée par d'honorables généraux qui ont fait la guerre en Afrique, et par bon nombre d'hommes d'État et de représentants qui croient la connaître.

Je viens encore à regret combattre ce système et cela par plusieurs causes tirées du caractère arabe lui-même.

L'Arabe, ainsi que je l'ai dit en décrivant ses mœurs, n'ayant pas de besoins et ne songeant pas de longtemps à s'en créer de nouveaux, est inhabile au travail, et se montrera longtemps encore indocile et contraire à tout esprit de progrès.

Vous ne forcerez jamais l'Arabe à s'appliquer à se servir de nos instruments de travail, à semer et à cultiver comme nous. Sa cupidité et son avarice , quelqu'elles soient, céderont toujours le pas à sa paresse et à son indolence. Vous ne songez pas, je le sais, à employer des moyens coercitifs pour le forcer à planter et à cultiver, autrement qu'il ne le sait une terre qui a toujours satisfait à beaucoup au-de là de ses besoins. Vous n'aurez recours qu'aux moyens de persuasion en flattant sa cupidité et en cherchant à lui créer des appétits nouveaux. Eh bien, sur la génération actuelle au moins, vous ne réussirez pas. Et ce système qui, je conviens, serait le meilleur, avec tout autre peuple, ne sera praticable en Algérie que lorsque par une possession de longues années vous aurez vu disparaître les générations actuelles et que vous aurez en quelque sorte détruit en le transformant le germe de la population arabe, non par l'extermination de la race, Dieu me garde d'une pareille pensée, mais par le temps, ce grand maître des nations, à qui rien ne résiste.

J'eusse parfaitement compris que le gouvernement, même par des moyens coercitifs au besoin, eut cherché depuis la conquête à utiliser les Arabes aux travaux d'utilité publique, à des routes, à des canaux, à l'assainissement des marais. Sans doute, il eut éprouvé de la résistance, quelques révoltes en seraient résultées, des émigrations même dans le désert auraient pu avoir lieu. Mais quelque faible que fut le nombre d'Arabes qu'on eut ainsi rompu à un travail assidu, indépendamment de l'économie qu'y eussent trouvé nos finances, ces ouvriers indigènes, obligés de consommer davantage en raison de la dépense de force qu'exigeraient d'eux des travaux plus rudes et plus actifs, deviendraient pour la culture coloniale des recrues sachant déjà manier une pioche, une pelle et qu'avec quelques leçons on pourrait parvenir à utiliser.

Mais laisser au colon seul le soin d'instruire et d'utiliser l'Arabe d'une manière fructueuse et intelligente aux travaux de la culture coloniale, c'est, qu'on me permette de le dire, une véritable utopie.

Plusieurs colons l'ont vainement tenté : et soit maladresse, soit mauvaise volonté, tout travail fait par l'Arabe est mal fait, incomplet et finit toujours par devenir très-dispendieux ; l'Arabe achevant rarement ce qu'il entreprend, quoiqu'il ait toujours la précaution de s'en faire payer une partie du prix d'avance.

Cela est si vrai que tout colon intelligent ne veut pas, quand bien même il le pourrait, employer aucun Arabe aux travaux de terrassement et de plantations.

Il existe bien une manière d'utiliser les Arabes à la culture des terres, c'est le métayage au cinquième, cité et recommandé par l'honorable M. Émile Barrault, dans son discours en réponse à M. Desjobert, séance du 20 décembre dernier.

Quelques mots sur ce mode d'attirer à nous les Arabes sont indispensables, car ce mot de métayage, qui signifie dans nos départements du centre et du midi colon partiaire, quoiqu'ayant la même signification en Algérie, est bien loin cependant de produire les mêmes résultats. Je dirai même que s'il était généralement et à jamais adopté il deviendrait pour notre culture dans ce pays le plus puissant éteignoir qu'on put imaginer.

Avant la conquête tous les chefs et les puissants de l'Algérie possédaient d'immenses étendues de terrain, et se trouvaient par la constitution aristocratique du pays, seigneurs suzerains des tribus arabes qu'ils commandaient en qualité de cheik, de caïd, d'aga ou de kali'a. Ils établissaient alors les diverses familles de ces tribus sur des lots de leur vaste territoire, à la charge d'y semer du blé et de l'orge. Ces espèces de métayers se nommaient suivant la contrée *Feylhas*, *Karmess* ou *Kamess*. Leur seule rémunération consistait en un cinquième de la récolte, l'usage attribuant les quatre autres cinquièmes au cheik ou caïd, propriétaire du sol. Comme rien ne change chez ce peuple, cet usage s'est perpétué chez tous les Arabes riches qui par leur soumission à la domination française ont évité la dépossession.

Depuis quelque temps il tend même à s'établir sur les concessions françaises, c'est ce que M. Emile Barrault appelle un rapprochement des indigènes vers nous, dont nous devons, dit-il, recueillir un jour des avantages considérables.

Je serais parfaitement de l'avis de M. Emile Barrault, et j'approuverais sans restriction les colons français de chercher à s'attacher par les liens de l'intérêt et du travail, la population arabe, si j'y voyais un moyen de richesse et d'avenir pour la colonisation. Mais c'est parce que j'y vois au contraire un obstacle puissant au progrès et au développement de la culture française en Algérie, que sans combattre d'une manière absolue l'usage d'attacher des Feylhas ou Karmess, aux concessions françaises, je viens signaler les dangers que j'entrevois.

En effet, comment ont lieu ces rapprochements, quels en sont les avantages pour le colon et pour la prospérité générale de la colonie?

Un colon français arrive en Algérie avec le titre provisoire d'une concession plus ou moins considérable de terrain. Il se met à l'œuvre, mais ne pouvant dans un court délai exécuter toutes les conditions du programme imposé par le gouvernement, il se contente de mettre graduellement en culture européenne une petite portion de sa concession, dont l'étendue excède presque toujours la puissance de ses forces et de ses capitaux.

Il traite alors avec une ou plusieurs familles arabes qui viennent construire leurs gourbis sur la partie de terrain qu'il ne peut cultiver lui-même. Il est d'usage qu'il leur fasse une petite avance de fonds, il doit leur fournir les instruments aratoires et les moyens d'attelage employés par les Arabes qui, je l'ai déjà dit, ne voudraient ni ne pourraient se servir des nôtres ; il leur prête les bœufs, leur avance le grain pour la semence, et est obligé d'en surveiller l'emploi, s'il ne veut voir disparaître ses avances, son grain, ses bœufs, et peut-être les Arabes eux-mêmes.

En admettant que le danger de vol et de fraude soit exagéré, on voudra bien convenir que l'Arabe, tant qu'il occupera la terre du colon, ne la cultivera pour sa part du cinquième, que suivant ses facultés et son intelligence. Il produira, il est vrai, du blé et de l'orge, mais dans une proportion beaucoup moindre que ce que rapporterait une culture plus perfectionnée. Il ne plantera pas, il n'arrosera pas, et en un mot, il ne fera pas faire un pas au progrès de l'agriculture et de la colonisation en Algérie.

Si c'est par ce mode que l'on espère retirer un jour de cette terre fertile une partie des sacrifices qu'elle nous a coûtés, il est alors peu utile d'ouvrir les ports français aux produits africains. De longtemps l'Algérie ne ferait concurrence à aucun produit industriel et précieux que son sol si riche ne demande qu'à produire avec abondance.

J'ai dit que l'Arabe occupant la plus grande partie du sol à très-peu de frais, cela est vrai, mais aussi produisant en proportion, ne planterait pas et n'arroserait pas. Cependant tout l'avenir de l'Afrique est là. Sans de nombreuses plantations, pas de salubrité ni d'assainissement ; sans un vaste système d'irrigation pas de culture productive, pas d'amélioration de ses riches prairies et de ses races de bestiaux, dont le commerce et l'agriculture sont appelés un jour à tirer de si énormes bénéfices.

La culture par et avec les Arabes pourra venir à l'aide du temps, mais que de déceptions nos colons n'ont-ils pas encore à subir, avant que la coopération sérieuse et utile des indigènes puisse leur tenir lieu des bras dont ils manquent, avant tout, pour se livrer à de riches et sérieuses cultures!

C'est donc une erreur, à mon sens, de croire que de longtemps les Arabes seront pour la culture de l'Algérie d'utiles auxiliaires.

C'est se tromper encore, que de voir dans le métayage au cinquième, un progrès dans l'œuvre de la colonisation. Sans doute, faute de mieux, on fait très-bien de l'employer, et les autorités de l'Algérie font preuve de bon sens en fermant les yeux sur cette infraction au réglement colonial ; mais l'avenir de l'Afrique et la prospérité de nos compatriotes demandent des ouvriers plus intelligents et plus dévoués.

Ces deux systèmes de colonisation écartés pour le présent, car je n'en rejette aucun d'une manière absolue, quel est celui qu'il faut adopter et suivre avec constance, dès qu'on se sera prononcé ?

COLONISATION CIVILE.

Il a été longtemps de mode en Algérie et même en France, de juger défavorablement la population civile de notre colonie. « Longtemps, dit M. Moll, dans l'ouvrage que j'ai cité, le système de sévérité militaire a éloigné de l'Algérie une foule d'hommes utiles, agriculteurs ou capitalistes. »

« Plusieurs chefs militaires, ajoute-t-il, premier vol., page 41, traitaient les Français à la turque, et les Arabes à la française. »

Je regretterais de m'associer à un jugement aussi sévère et j'ajouterai même que l'honneur et la loyauté militaires inspirent aux colons probres et sensés, la plus intime confiance.

Je suis obligé cependant de convenir que, par exception, sans aucun doute, les rapports avec certains chefs des territoires militaires n'ont pas toujours été ce qu'ils auraient dû être entre enfants de la même patrie. La faute en est sans doute beaucoup plus aux institutions qui régissent l'Afrique, qu'aux hommes chargés de les appliquer.

Par exemple, n'est-ce pas une étrange anomalie que le colon français, par ce qu'il a son domicile sur un territoire militaire, se trouve justiciable au civil comme au criminel d'un commandant de place, qui pourra être un ancien officier d'infanterie fort estimable et très-honorable assurément, mais beaucoup plus fort sur la précision d'une manœuvre ou d'un feu de peloton que sur le code civil ou sur le code de procédure.

Que pour un crime ou délit il doive comparaître devant un juge militaire, je le concevrais encore ; c'est un pays presqu'en état de guerre continuel et sous le régime de l'État de siége ; mais qu'en matière civile sa fortune et celle de ses enfants soient à la merci d'un commandant ou d'un capitaine, vieilli dans les camps et complètement étranger aux questions de droit, c'est un peu dépasser les bornes de la raison et de l'équité.

Je ne veux citer qu'un exemple de cette justice, tant soit peu excentrique. Je ne nommerai, bien entendu, ni le juge ni le lieu où ce célèbre jugement a été rendu.

Deux colons français, mari et femme, plaidaient en séparation de biens : il y avait, je crois, faillite ou déconfiture du mari, et la femme pour la conservation de sa dot demandait la séparation de biens. Ce brave militaire, trouvant sans doute que les torts du mari méritaient un châtiment plus sévère a, malgré les réclamations des parties, par un jugement fortement motivé, prononcé *le divorce* des conjoints. Ce singulier jugement, déféré à la cour d'appel d'Alger ou à la cour de cassation, a été cassé bien entendu, non sans que la gravité des honorables magistrats en ait été tant soit peu mise à l'épreuve.

Ce fait pourrait paraître une plaisenterie ou une exagération , et moi-même je n'y aurais pas ajouté foi, s'il ne m'eût été affirmé dans la ville même où il a eu lieu par des hommes graves et dignes de toute confiance.

M. Moll a donc eu quelque raison de dire que la position précaire et subordonnée dans laquelle a été placée la population civile n'était pas faite pour y attirer les agriculteurs sérieux et les capitalistes.

Et cependant, quoi qu'on ait dit et répété, on ne parviendra à coloniser l'Algérie qu'avec le concours d'une nombreuse population civile, appuyée par des capitaux considérables.

Or, comme le budget de l'État, déjà suffisamment obéré, ne peut, ni ne doit être détourné de sa véritable destination et être dépensé au profit seul des colons présents et futurs de l'Algérie, il faut donc frapper à une autre porte, qui ne peut être autre que celle des capitaux privés.

On m'objectera avec raison que tout Français, possesseur d'un capital quelconque, dont l'intérêt pourvoit à ses besoins et à ceux de sa famille, n'ira pas le risquer dans une question de colonisation et d'agriculture, sur lesquelles souvent il n'a pas la moindre notion. Aussi n'est-ce pas ce que je comprends, et je me hâte de l'avouer, ainsi entendu, je ne compterais nullement sur les capitaux privés

Mais en France, où malgré notre inintelligence de l'esprit d'association, on a cependant trouvé des capitaux considérables pour des nombreuses découvertes et des inventions plus ou moins problématiques. Est-ce que le Gouvernement, patronant lui-même et garantissant à la rigueur un minimum d'intérêt, comme il l'a fait pour certains chemins de fer, ne pourrait pas aider à la fondation de nombreuses associations de capitaux, qui mis habilement en valeur, sous la surveillance de l'État, à quelques heures des côtes de France, produiraient sans aucun doute des résultats un peu plus certains que la recherche de l'or en Californie, et serait un débouché un peu plus moral et plus logique de l'excédant de notre population.

Oui, je le répète, il n'y a aujourd'hui que l'esprit d'association qui puisse fertiliser l'Algérie, y attirer ou plutôt y transporter une population française et euro-

péenne assez nombreuse pour que la possession et la colonisation ne soient pas sans cesse mises en question. Les capitaux pris individuellement, les prestations et les secours
de l'Etat seront toujours insuffisants et impuissants.

Avec de puissantes compagnies, auxquelles l'Etat accor-
derait de grandes concessions de terre, sans autres subsi-
des que l'exemption d'impôt, et une grande latitude dans
la disposition des cours d'eau et des bois propres à la construction, on recruterait facilement dans nos départements
du midi, depuis les Pyrénées jusqu'aux Alpes, de nombreuses familles, dont le sol épuisé par les cultures si
propres à celui de l'Afrique ne demanderaient pas mieux
que de venir, sous l'égide de capitaux assurés et sous le
patronage de l'Etat, demander à un pays neuf, ce que le
leur ne leur accorde plus qu'à grands frais, par un travail au moins aussi pénible et sous une latitude à peu
près pareille.

Si les bornes de cet écrit me le permettaient, j'entre-
rais dans de plus grands développements sur la mise en
pratique du système d'association pour la colonisation de
l'Algérie, tel que je le comprends ; mais je m'adresse à
une classe de lecteurs trop intelligente pour qu'elle ne
supplée pas à ce que je passe forcément sous silence.

J'ai cité l'exemple de l'Angleterre et ce que son génie colonisateur aurait fait de l'Algérie, si elle l'eût pos-
sédée. Si nous ne pouvons faire aussi bien et aussi promptement qu'elle, cherchons au moins à l'imiter dans ce
qu'elle a de bon, car depuis plus de soixante ans, nous ne
lui avons guère emprunté que son esprit d'individualisme
et le ridicule de ses modes.

CONCESSIONS.

On appelle concession en Algérie tout lot de terrain
dépendant du domaine de l'Etat, accordé à un colon français à des conditions déterminées par un réglement d'administration publique, émané du ministère de la guerre.

Toute demande de concession doit être accompagnée
d'une attestation de deux témoins passée pardevant notaire, déclarant que le pétitionnaire peut disposer d'une
somme équivalant à 500 fr. par hectare.

À ce sujet il s'est glissé malheureusement, comme en
beaucoup d'autres cas, un déplorable abus. Le notaire,
et je tiens ce fait de plusieurs honorables praticiens, ne
certifie pas lui-même que M. tel ou tel possède réellement une somme de 30, 40 ou 50,000 francs, sa signature et son sceau affirment seulement que devant lui sont
comparus deux témoins qui ont affirmé que le demandeur
de concession possédait effectivement la somme stipulée
dans leur déclaration.

Avec l'élasticité de nos mœurs actuelles il est arrivé
que beaucoup d'individus, sans aucune ressource. ont facilement trouvé deux témoins pour certifier qu'ils possédaient des sommes importantes; souvent le notaire était
persuadé du contraire, mais à couvert par la signature des
deux témoins, il n'en délivrait pas moins l'acte faisant
foi au bureaux de la guerre.

Je ne veux pas dire à ce sujet tout ce qu'un notaire
me racontait lui-même; mais ce que je puis affirmer,
c'est que je connais des concessionnaires n'ayant aucune
espèce de fortune, qui ayant déjà obtenu de fortes concessions, dont ils sont fort embarrassés, sont revenus à la
charge pour en obtenir de plus considérables encore, et
cela avec des pièces notariées fort en règle.

Il est résulté de cette fâcheuse facilité à fournir la
preuve de ressources qu'on ne possédait pas, que le gouvernement, dans la louable intention de peupler l'Algérie, accordait et accorde encore des concessions à des
gens qui n'ont pas le premier sou pour les mettre en valeur. Or, comme les règlements administratifs laissent
aux concessionnaires un certain nombre d'années pour
remplir les conditions du programme, il arrive que d'im-
mences lots de terrain concédés restent sans aucun emploi, ou ne sont cultivés que sur une très-petite étendue.

Il faut aussi convenir que les conditions imposées à
chaque concessionnaire sont beaucoup trop sévères, eu
égard surtout à l'étendue des concessions accordées.

Cela est si vrai, que le gouvernement semble avoir reconnu implicitement cette sévérité, puisque ses agents sont les premiers, ainsi que je l'ai dit, à fermer les yeux sur leur inexécution.

Le titre définitif de propriété d'une concession ne s'obtenant au surplus que lorsqu'on a rempli toutes les conditions du programme, l'Etat reste toujours libre de retirer sa concession ; mais il use peu de cette faculté, et en considération des nombreuses difficultés que l'on rencontre dans toute colonie naissante, il fait bien de se montrer indulgent.

D'heureuses et d'honorables exceptions font un contraste frappant avec le triste tableau que je viens de faire de certaines concessions. Il existe aux environs de Bône, de Constantine et de Philippeville, des concessionnaires qui ayant pris au sérieux les obligations qui leur étaient imposées, les ont rempli avec autant d'intelligence que de dévouement.

Par des essais de culture industrielle, par l'établissement de machines hydrauliques ou de système d'irrigation coûteux et indispensables sous le soleil d'Afrique, par de nombreuses plantations d'arbres, par des pépinières savamment plantées et dirigées, ils ont donné à leur concession un aspect de fertilité en parfait contraste avec les campagnes environnantes.

Je pourrais citer plusieurs noms honorables de colons qui prouvent que la population civile de l'Algérie ne mérite pas tout ce qu'on a dit d'elle. Je veux respecter leur modestie, ils recueilleront un jour, je l'espère, la juste récompense de leurs courageux efforts. Mes éloges et ce nouveau témoignage de ma sympathie n'ajouteraient rien à leur mérite.

Les concessions varient d'étendue : les lots sont de 25, 30, 99 ou 200 hectares, suivant l'autorité qui les accorde et les justifications qui ont été produites. Elles sont passibles d'une modique redevance annuelle au profit du trésor, rachetable par le concessionnaire moyennant une somme une fois donnée.

Les hommes sérieux et intelligents blâment généralement la facilité avec laquelle le gouvernement accorde des concessions trop étendues à un seul individu.

En effet, il est logique de comprendre qu'un particulier, quelque riche qu'il soit, n'ira pas immédiatement planter et mettre en culture européenne un terrain de 200 hectares, surtout dans les conditions défavorables où l'Algérie s'est trouvée jusqu'ici sous le rapport des moyens d'écoulement. Il n'en cultivera qu'une minime partie, qu'il augmentera annuellement, mais pour utiliser le surplus, qui sera toujours la partie la plus considérable, il sera obligé d'avoir recours aux feylhas ou karmess arabes, et le lecteur connaît l'inanité de ce mode de culture, au point de vue de la colonisation.

Les concessions de 25 à 50 hectares, outre l'avantage d'une plus grande division de la propriété, offriraient encore celui de fixer sur le sol africain un plus grand nombre de familles, et par conséquent de peupler plus promptement le pays. Le programme exige bien, il est vrai, des grands concessionnaires l'établissement d'une famille européenne par 30 hectares, mais jusqu'à présent cette clause n'a pu être remplie par aucun d'eux. Il n'y aurait que de riches sociétés qui pourraient faire construire les habitations pour les abriter et fournir aux frais de leur installation.

Le petit colon offre encore l'avantage de souvent cultiver par lui-même, et ses bénéfices sont d'autant plus certains qu'il évite les frais d'intermédiaire ou de gérance si dispendieux en Algérie.

Un fait très-grave, dont j'ai été témoin pendant mon séjour à Constantine, prouve mieux que tout ce que je pourrais dire, combien il est urgent de donner une vive impulsion à la colonisation de l'Algérie, et de ranimer par des mesures intelligentes et protectrices le moral du colon. Je veux parler de la vente de la ferme militaire d'El-Arouch, mise en adjudication et vendue à bas prix au mois de septembre dernier.

Lors de la conquête, dès que notre armée avait pris possession d'un territoire, et qu'elle devait s'y maintenir, l'autorité distribuait aux corps et détachements qui y restaient cantonnés, des terres à cultiver en fermes ou en jardins.

Cet usage offrait le double avantage de donner aux premiers colons des exemples de culture européenne, et de fournir à nos soldats des légumes et des produits qu'il eût fallu faire venir de France à grands frais.

De là l'origine de plusieurs fermes et des jardins militaires qui situés autour des principales villes, sont aujourd'hui en partie cultivés par des Maltais, qui en payent un fermage à l'État.

Le plus important de ces établissements agricoles est la ferme d'*El-Arouch*, fondée et construite sous la direction d'officiers du génie, par un bataillon de chasseurs à pied de punition, appelés les Zéphyrs.

Elle est située dans une position charmante, à moitié chemin de Philippeville à Constantine, et à un kilomètre à peu près du joli village d'El-Arouch. Le gouvernement, qui en a fait tous les frais, n'a rien épargné pour qu'elle présentât l'aspect et les conditions d'une véritable ferme-modèle.

225 hectares de terrain lui ont été affectés. Le génie militaire y a fait des constructions considérables que la rumeur publique dans le pays évalue à 40 ou 45,000 fr. 20,000 pieds d'arbres de toute nature y ont été plantés ; les prairies ont été nettoyées des chardons parasites et savamment arrosées, enfin cent hectares ont été complètement défrichés et cultivés à l'européenne pendant plusieurs années, par le bataillon fondateur. Cette ferme présentait donc toutes les conditions d'une vaste et belle propriété territoriale dont tous les frais de premier établissement, si coûteux en Afrique, étaient faits avec luxe et profusion.

Mise en adjudication au mois de septembre dernier, sur une mise à prix de 15,000 francs, une seule enchère de 500 francs ayant été présentée, cette belle propriété, sur laquelle il a été dépensé plus de 100,000 francs, a été acquise pour la modique somme de 15,500 francs.

J'aurais voulu dissimuler ce triste épisode de l'histoire de la colonisation de l'Algérie. Mais, suivant moi, il prouve beaucoup plus l'absence de capitaux et la pauvreté

des colons, que le manque absolu de valeur des propriétés
en Algérie.

Il est aussi à regretter que le gouvernement, dans un
moment de crise générale, et à la veille, ainsi qu'il vient
de le prouver, de proposer des mesures favorables à la colonie, ait cru devoir mettre en vente une propriété aussi
importante et déprécier ainsi, bien malgré lui sans doute,
les établissements agricoles de l'Afrique.

L'effet moral produit dans la province de Constantine
par la vente à vil prix de la ferme d'El-Arouch sera plus
préjudiciable au trésor, que l'encaissement en trois ans
de 15,500 francs ne lui sera avantageux.

CULTURE PROPRE A L'ALGÉRIE.

Les expériences faites par plusieurs colons intelligents
prouvent que toutes les cultures usitées en France réus-
sissent parfaitement en Algérie.

Le soleil et l'eau étant les deux premiers éléments de
fécondité du sol, tout colon africain qui peut établir sur
sa propriété un système d'irrigation suffisant et bien dis-
tribué, peut être assuré, sous le soleil de ce pays méridio-
nal, de recueillir de belles récoltes, et verra croître sous
ses yeux la plus belle végétation du monde.

Le sol de l'Algérie, argilo-calcaire, est composé presque
partout d'une terre argileuse mêlée de sable, de débris de
végétaux et d'animaux qui, dans les vallons surtout, ont
formé un humus de plusieurs mètres de profondeur.

Il n'y a pas un de ces vallons qui purgé des nombreuses et profondes racines de chardons, qui y poussent
à profusion, et qui arrosé convenablement, ne devint en
peu de temps une prairie magnifique et fertile.

L'élévage des bestiaux deviendrait dans ces conditions
un des premiers éléments de richesse du colon qui pourrait disposer d'un capital pour se monter en bestiaux et
construire les étables pour les abriter en hiver.

Engraisser et produire seront un jour pour l'Algérie

une des principales sources du revenu du colon qui s'y sera appliqué.

L'Afrique est trop réputée pour sa fertilité en céréales pour que j'aie beaucoup à m'étendre sur ce point. Seulement, il est malheureusement trop vrai, que pour cette culture nous ne pouvons soutenir la concurrence des Arabes.

Ceux-ci sèment à peu près sans peine et sans frais, ils peuvent livrer sur les marchés à 10 et 12 francs, la mesure que le colon français ne peut vendre moins de 21 à 22 francs. Il en est de même de l'orge qui suit la même proportion.

Notre manière de labourer et de semer produit, il est vrai, le double sur une même étendue de terrain, mais en raison de la rareté des bras et du haut prix de la main d'œuvre, le colon français doit, s'il est intelligent, restreindre beaucoup, sinon supprimer tout à fait la culture française des céréales sur sa concession.

Jusqu'à présent le gouvernement, dans le but de protéger la colonisation, a acheté aux colons français les blés et les orges nécessaires à l'armée, à un prix presque double de ce qu'il pouvait se les procurer sur les marchés arabes. Mais, je me hâte d'ajouter, qu'il a été publié et affiché qu'à partir de l'année 1851, le gouvernement ne payerait ces grains qu'au taux où il les trouverait sur les marchés. S'il persiste dans cette résolution, les deux tiers des terrains concédés aux colons français resteront à titre de métayage au cinquième entre les mains arabes et ne recevront ni amélioration, ni véritable culture.

Le blé dans la province de Constantine est de l'espèce dite blé dur. Le pain qui en provient est moins blanc que le nôtre, mais il a un très-bon goût et est très-substantiel. Quelques essais de blés tendres ont été tentés avec succès, résisteront-ils à l'influence du climat? C'est ce que l'avenir nous apprendra.

La pomme de terre réussit parfaitement, mais elle y est moins bonne que dans nos terres légères et sabloneuses de France. Cependant elle y sera d'une grande ressource, et y est déjà très-recherchée, quoiqu'elle s'y vende très-cher.

Nos légumes y viennent très-bien et beaucoup plus gros que nous ne les récoltons dans nos jardins potagers.

Tous les arbres fruitiers connus en France ont été importés en Algérie. Le pêcher, l'abricotier, le cerisier, le prunier, le pommier, le poirier, etc. etc., y produisent très-promptement de très-beaux fruits. Trop promptement peut-être, car j'ai remarqué qu'ils n'y vivent pas autant que dans nos vergers. Ils poussent beaucoup en bois, et s'ils ne sont taillés par une main habile, leur trop prompte et trop abondante végétation les a bientôt épuisés.

J'ai aussi remarqué que l'habitude et l'obligation où l'on est d'arroser les pépinières et les enclos plantés d'arbres fruitiers, aident sans doute beaucoup à la crue des arbres, mais nuisent à la saveur du fruit. Je crois que l'expérience démontrera aux colons algériens qu'ils doivent modifier leur système d'irrigation des vergers et des pépinières.

La vigne, dont plusieurs colons ont essayé la culture, rend déjà comme raisin de treille des produits magnifiques. Quant à la culure de la vigne proprement dite, j'en ai vu quelques essais satisfaisants. Plantée à mi-côte, la vigne réussira parfaitement dans la province de Constantine et donnera des vins qui auront beaucoup de rapport avec ceux du Roussillon et de l'Espagne.

Mais de toutes les cultures qui doivent un jour récompenser amplement les efforts et les sacrifices des premiers colons français, sont les cultures industrielles. Et sous ce nom je range l'arbre à la cochenille, la garance, le tabac, le mûrier et même le coton. Toutes ces cultures sont déjà à l'état d'essai, mais comme elles exigent toutes une mise importante de fonds et de nombreux ouvriers pour leur production et leur récolte, de longtemps encore elles languiront par la pénurie de ces deux principaux moteurs de toute production agricole.

Oui, il est très-vrai, que le sol de l'Afrique est susceptible de produire en abondance tous ces riches produits dont plusieurs sont pour nous exotiques et pour l'esquels nous sommes tributaires de l'étranger.

L'arbre à la cochenille et la garance dont j'ai vu des essais très-remarquables seront dans peu, je n'en doute pas, une des plus riches cultures de l'Algérie.

La garance cultivée dans nos départements du Midi, principalement dans le Vaucluse, le Gard et l'Hérault, épuise promptement la terre qui l'a produit. Ce n'est qu'à force d'engrais, payés à un prix élevé, que nos cultivateurs du Midi parviennent à réparer l'appauvrissement d'un sol à qui ils demandent sans relâche de nouvelles récoltes. Dans le Vaucluse, un hectare propre à la culture de la garance se loue mille francs, et cependant cette culture est extrêmement lucrative.

Le sol vierge de l'Algérie la produira en abondance et cette culture enrichira nos colons sans nuire à nos compatriotes du midi, car nous sommes obligés d'en tirer du Levant des quantités considérables.

Le tabac vient admirablement en Algérie; il vient même trop beau, et sur ce point sa culture a besoin d'être étudiée, et le sol sur lequel on le plantera devra être appauvri. Chaque pied y devient vraiment colossal, et les feuilles d'une dimension phénoménale.

Une autre difficulté retardera nécessairement les avantages que l'on pourra plus tard retirer de la culture du tabac.

Nos départements du Nord et de l'Est qui produisent plus spécialement le tabac, jouissent encore au mois de septembre, époque de sa récolte, d'une température qui permet de laisser les plans de tabac exposés à l'air et de recevoir du soleil d'automne une première dessication ; après quoi il est mis à couvert dans des greniers, sous l'abri desquels cette dessication se termine sans qu'il soit exposé à aucune intempérie.

En Algérie il n'y a pas d'automne, et la saison des pluies torrentielles succède sans gradation aux chaleurs caniculaires. Le tabac récolté en septembre ne peut être exposé une heure dehors sans risquer d'être grillé par le soleil ou altéré par les pluies. Il est donc indispensable, pour le faire sécher convenablement, de faire construire de grands bâtiments pour cet usage. La cherté des bois de construction et de la main-d'œuvre exigent , pour toutes les constructions, des capitaux considérables, que chaque colon , incertain de l'écoulement et douteux de l'avenir de la colonie, n'a pas encore cru devoir entreprendre,

Le mûrier est une des cultures industrielles qui a le plus d'avenir en Algérie, il croît avec une rapidité étonnante. On peut même lui adresser le même reproche qu'au tabac , de produire des feuilles trop fortes et trop grasses. J'ai vu de jeunes mûriers de l'année atteindre la hauteur de 2 on 3 mètres. Cultivé dans des terres plus maigres , il perdra de sa luxuriante végétation, et deviendra propre à l'alimentation des vers à soie.

L'olivier, que nous n'avons pas été obligés d'implanter en Algérie, était déjà une branche considérable du commerce de la Kabylie et des contrées du littoral.

Dans les environs de Philippeville , il en existe beaucoup et de très-vieux. Ils produisent en abondance, et j'ai remarqué que l'olive, en Afrique, quoique produite par des arbres non greffés, est plus grosse que nos olives de la Provence ou du Languedoc. Les colons français cultivent l'olivier avec succès , et l'usage de la greffe , introduite par eux en Algérie , ne pourra que bonifier beaucoup la qualité des huiles.

Toutes les riches cultures que je viens de décrire si rapidement ont déjà acquis d'assez grands développements aux environs d'Alger. Dans la province de Constantine, elles ne sont encore qu'à leur début.

La prochaine perspective de voir abattre toutes les barrières fiscales qui fermaient les ports français aux produits de l'Algérie, va donner à ces cultures industrielles, si les capitaux les secondent, un essor qui changera promptement la face des choses, et donnera aux propriétés coloniales une valeur vénale qu'elles n'ont pas eue jusqu'ici.

INDUSTRIE.

L'industrie, presque nulle dans la province de Constantine, prendra un développement proportionné aux progrès de l'agriculture. Il se créera promptement des usines et des établissements pour mettre en œuvre une partie des riches produits de son sol. Ce n'est qu'une affaire de temps, car l'agriculture prospérant, elle ouvrira de larges voies à l'industrie et au commerce. Les magnaneries, la préparation du tabac, l'emploi d'une partie des laines de ses nombreux troupeaux, fourniront de riches aliments à l'industrie coloniale.

Sur plusieurs points de l'Algérie, il a été trouvé des richesses minérales, pour l'exploitation desquelles des sociétés industrielles ont été formées.

Les mines de cuivre de la Mousaïa, celles de plomb argentifère de la Calle, et d'antimoine d'Aïn Babouch, sont en pleine voie d'exploitation; et par l'exportation des grandes quantités de leur riche minerai elles fournissent déjà une grande partie du frèt pour le retour des bâtiments marchands de nos ports de la Méditerranée.

COMMERCE.

La question douanière une fois tranchée en faveur de l'Algérie, le commerce des grains, des laines et de tous les produits de son sol exportés en France comme matière première, établiront promptement de nombreux échanges avec la mère-patrie.

L'Algérie devenue plus riche et plus peuplée, deviendra un marché pour nos produits manufacturés, pour nos objets de luxe, pour nos houilles; dont malgré d'actives recherches, on n'a pu encore trouver aucune trace en Algérie.

Cet avenir flatteur pour notre colonie d'Afrique et ces

avantages pour la France elle-même, ne peuvent manquer de se réaliser dans un avenir plus ou moins rapproché, si l'on parvient à créer de puissantes compagnies de capitalistes français qui veuillent comprendre qu'en défrichant et colonisant l'Algérie, elles s'enrichiront elles-mêmes et travailleront également à affermir la tranquillité en France, en ouvrant un immense débouché à des milliers d'intelligences et de bras, trop à l'étroit et en quelque sorte à la gêne sur le sol de la mère-patrie.

Pour arriver à ce but, je sais que la tâche est rude et difficile. Je ne me dissimule pas l'indifférence et même l'ignorance qui règnent en France sur cette terre immense de plus de 200 lieues de côtes, dont les nombreuses richesses n'attendent plus que les moyens de se produire.

Je n'ignore pas les préjugés et les rancunes qu'il faudra combattre, mais loin de me décourager, je persisterai quand-même à prétendre que le puissant esprit d'association peut seul tirer l'Algérie de l'état de marasme où elle a constamment végété depuis la conquête.

C'est dans ce seul but que j'ai entrepris cet écrit dans lequel je n'ai dissimulé aucune vérité, fut-elle défavorable à l'Algérie. Je désire vivement la colonisation de nos possessions d'Afrique, mais je la veux dans de bonnes conditions, et pour cela il fallait présenter ce pays tel qu'il est, c'est ce que je crois avoir fait.

J'eusse vivement désiré qu'un esprit plus éclairé ou qu'une plume plus exercée eût consenti à traiter la question de colonisation au point de vue de l'association, je me serais alors modestement mis à l'écart, et j'eusse vivement applaudi à ses succès. Mais une bonne cause ne doit pas souffrir de l'inexpérience de celui qui en prend la défense, et la vérité pour être dite moins éloquemment, ne perd pas pour cela son honorable caractère.

Ici finit la tâche que je m'étais imposée. Je me suis appliqué autant qu'il a été en moi à être exact.

On pourra me reprocher d'être incomplet et de laisser plusieurs points de mon travail dans une fâcheuse obscurité. A cela je répondrai que je n'ai absolument voulu parler que de ce que j'ai vu et appris pendant un séjour trop court pour avoir tout visité. Je me suis principale ment appliqué à traiter toutes les grandes questions d'avenir et de fortune de l'Algérie, aujourd'hui si étroitement liée à la France. Quant aux détails topographiques, de mœurs et d'usages, que je n'ai regardés que comme très-accessoires dans mon récit, je passe volontiers condamnation sur ce qui peut leur manquer, tout en maintenant cependant l'exactitude de ce que j'ai dit.

Je me suis occupé plus spécialement de la province de Constantine, parce qu'elle est la seule que j'aie visitée. Je ne désespère pas un jour de pouvoir compléter ce travail en donnant sur les provinces d'Alger et d'Oran des détails analogues ; cela dépendra un peu de l'accueil qui sera fait à ce premier écrit.

Quel qu'il soit, je ne regretterai jamais de l'avoir publié, car mon seul but a été d'être utile à mon pays en premier lieu, puis à l'avenir de cette nouvelle France que tant d'intérêts engagés ont irrévocablement lié au sort de la métropole.

FIN.

ERRATA.

Page 9. — Ligne 5, lisez : attenant à la ville, *au lieu* d'attenante.
Page 10. — Ligne 6, lisez triste facilité donnée à l'intempérance, *au lieu* de à la tempérance.
Page 11. — Ligne 22, lisez : Où on construisait, *au lieu* de ou se construisaient.
Page 13. — Ligne 28, lisez : longueur, *au lieu* de longeur.
Page 24. — Ligne 11, lisez espèces de bouge, *au lieu* des bouges.
Page. 35. — Ligne 27, lisez : les besoins d'une armée, *au lieu* de le besoin.
Page 45. — Ligne 38, lisez : plaisanterie, *au lieu* de plaisenterie.
Page 48. — Ligne 20, lisez aux bureaux, *au lieu* de au bureaux.

TABLE

Paris. — Imp d'Aubusson, rue Feydeau, 7.